Iola Ynyr

CAMU

Argraffiad cyntaf: 2024
© Hawlfraint Iola Ynyr a'r Lolfa Cyf., 2024

Cynllun y clawr: Cyngor Llyfrau Cymru

Rhif Llyfr Rhyngwladol: 978-1-80099-551-2

Dymuna'r cyhoeddwyr gydnabod cymorth ariannol
Cyngor Llyfrau Cymru

Cyhoeddwyd ac argraffwyd yng Nghymru
ar bapur o goedwigoedd cynaliadwy gan
Y Lolfa Cyf., Talybont, Ceredigion SY24 5HE
e-bost ylolfa@ylolfa.com
gwefan www.ylolfa.com
ffôn 01970 832 304

CAMU

I Erin, Mared a Gruff

Cynnwys

Cyflwyniad

Mae'r llyfr hwn yn ymgais i berchnogi fy mywyd a'm hatgofion drwy greadigrwydd. Dwi wedi colli blynyddoedd i flacowt alcoholig a fydda i fyth yn gwybod beth ddigwyddodd yn iawn i mi yn ystod y cyfnodau hynny. Mae'n gysyniad dychrynllyd ond trwy ysgrifennu'r gyfrol hon dwi'n gwneud ymgais i ollwng gafael ar yr ofn ac ymddiried fy mod i bellach yn saff.

Mae'n debyg y bydd yna unigolion neu sefydliadau yn anghytuno gyda'r dehongliad hwn ond dyma ydi'r fersiwn orau y gall fy nghreadigrwydd ei chynnig, yr orau i mi.

Fyddai dim o hyn yn bosib heb gefnogaeth rhaglen deuddeg cam a thrwy hynny fy sobrwydd. Mi all y sobrwydd emosiynol gilio ar adegau ond mae'r rhaglen wedi cynnig cynllun cadarn i mi fyw fy mywyd gyda heddwch am y tro cyntaf.

Bydd rhai golygfeydd yn gallu peri gofid yn sgil cyfeirio at salwch meddwl, trawma ac alcoholiaeth. Gweler y rhestr o ffynonellau i gael cefnogaeth ar ddiwedd y gyfrol.

Felly, tyrd efo fi i gymryd y cam cyntaf i fyd fy nghofio creadigol. Pwy a ŵyr, efallai y cei dithau ysfa i chwarae'n greadigol efo dy atgofion dy hun.

dwi'n fwy na bodlon cofio heb leisio

Recsam

Mi symudais i fyw i Recsam yn ddwy a gadael yn saith oed. Er mor fyr oedd y cyfnod, mae'r dref wedi gadael argraff ddofn arna i sydd yn fwy na'r lluniau mewn albym *cellophane* a bocsys sleids Kodak. Mae'r atgofion wedi fy annog ymlaen fesul cam trwy 'mywyd.

Mae'r dynfa at Recsam yn ddwfn tu mewn i mi. Brics coch ac ogle trwm Wrexham Lager wrth basio'r Eglwys Gatholig, Marks and Spencers, WH Smiths, Woolworths efo'i grisiau symud, Jean Jeanie, Beast Market a'i weiddi, Wrexham Waterworld a'i do tonnog, egni'r Cae Ras.

Recsam a'i phobl wresog a'r tlodi'n gafael llaw yn dynn.

Roedd Recsam wedi selio'i lle ar galonnau fy nheulu fel tref oedd yn cynnig addewid. Grove Park Grammar School oedd wedi rhoi blas ar ryddid i Nain – ar ddysgu Ffrangeg, chwarae tenis ac ymddiried yn ei gallu i fyw mwy tan i waeledd ei thad ei thynnu'n ôl i'w chynefin yn Gellioedd. Roedd gloywder y bywyd hwnnw'n dal i'w thanio ymhell ar ôl iddi adael a 'nehongliad plentyn i yn dychmygu'r lliw llawnach. Roedd Nain yn caru Recsam ac mi drosglwyddodd yr hoffter i mi trwy ei straeon.

Daeth Ysbyty Maelor yn dynfa i fy hen fodryb; yn cynnig cyfle i ferched oedd yn gwybod fod yna fwy o'u cwmpas na diflastod domestig. Roedd moethusrwydd ei thŷ ar gyrion Recsam, mewn rhes o dai brics cochion smart, yn lle roeddwn i'n trysori mynd iddo. Roedd fy hen Nain wedi symud ati, yn bresenoldeb cynnes oedd yn bell o'i gwreiddiau hithau yn Llangwm, a sŵn clician ei thafod ar wefusau llawn yn fy suo i fyd o deimlo'n braf. Roedd yna ogle *polish*, dillad glân a rhosod pinc yn y tŷ a threfn nyrs wedi'i dyrchafu'n fatron yn sgubo llanast o geg y drws. Yn y parlwr ffrynt, gallwn synhwyro cysgod fy ewyrth ag ôl creulondeb rhyfel arno ond mi oedd o'n cynnig gwên wrth adnabod yr ofn ynof i'n blentyn bach a'i eiriau Saesneg prin yn feddal a ffeind.

Dwi'n 'studio llun o fy hen fodryb, fy hen Nain a finnau yn yr iard gefn. Mae yna fàth babi pinc a darn llyfn o fetel i gadw'r tywod chwarae'n lân. Dwi'n chwifio rhaw fach goch wrth ddiolch am yr hwyl a'r gynulleidfa frwd sy'n dotio arna i. Mae dwy droed Nain yn gadarn ar y ddaear a'i phen yn gwyro am yn ôl yn ymgolli mewn chwerthin tra mae fy modryb wedi plethu un goes tu ôl i'r llall i ddal cyfrinachau yn dynn yn eu lle. Mae lipstic coch a gwallt perffaith fy modryb yn saff ac yn canu clod i fywyd trefol. Dwi'n deall bod edrych mor smart yn cymryd gwaith a bod rhaid talu heb dorri corneli, fod yna bris ar foethusrwydd.

Dwi'n cofio cerdded llwybrau culion a charegog Recsam i gyfeiriad Beast Market i brynu modrwy arian ag *onyx* du efo pres Dolig. Trio a thrio y modrwyon mewn calonnau coch yn y ffenest a gwybod fod hynny'n creu cytundeb i beidio gadael yn waglaw. Ofn dewis modrwy ry ddrud, felly mynd am un fyddai'n 'gwneud tro'. Sylwi nad oedd hi'n ffitio 'run bys yn iawn a theimlo siom yn codi'n sur i 'ngheg.

Gwybod na fydd dim un yn teimlo cystal â'r fodrwy aur â deimwnt hirsgwar. A'r fodrwy carreg ddu ac arian 'gwneud tro' yn cael ei phlygu i fag papur tenau a finnau wedi rhoi 'mryd ar focs melfed a'i berfedd golau fel yr un oedd yn ffenest y siop.

Roedd bywyd stad fawr yng nghysgod Pwll Glo Gresford yn codi ofn arna i. Tai wedi eu codi ar frys yng nghychwyn y saithdegau a'r waliau yn cynnig fawr mwy na phreifatrwydd pebyll. Ffraeo parhaus tŷ drws nesa a'r fam yn gollwng 'Jesus, Mary and Christ wept' o gornel ei cheg. Y rhestr rhegi yn arwydd fod yna fwy o wylltio go iawn ar y gorwel. Tri o blant yn byrlymu a'r tad yn tuchan, yn stiwio yn ei gadair. Goncs siec a blew golau hyd y dodrefn ym mhob man wrth i'r fam wneud ei gorau i gadw dau pen llinyn ynghyd. Cwpwrdd pren a cherrig cogio yn lledu o gwmpas tân trydan yn gwasgu ar ryddid y teulu. A breichiau'r fam yn gwasgu am 'little Yolar' wrth i weiddi'r plant fy nychryn. Yna, yr un bore Sadwrn hwnnw, dwi'n syrthio'n glep i waelod y grisiau. Y swp llyfrau trymion yn fy mreichiau wedi cuddio ymyl y grisiau. Teimlo'r gwynt yn gollwng o 'nghorff wrth syrthio a tharo 'mhen a düwch yn llyncu'r cwbwl. Cael fy ngharior dros ffens gefn i weiddi 'Pet, there's been a terrible fall' cyn i Mam ddod â fi yn ôl ata fi fy hun yn saff efo gwlanen wlyb.

Dwi'n cofio drama'r ffwtbol yn gynnwrf wythnosol. Y pwyso a mesur gofalus rownd bwrdd cefn wrth i Dad ddadlau ei achos am *season ticket* Cae Ras. Ymhen hir a hwyr, Mam yn cytuno efo'r amod 'mod innau yn mynd i'w ganlyn iddi gael 'llonydd i stydio'. Cerdded o Bron yr Efail yr holl ffordd i dre a'r strydoedd yn llenwi efo cyffro'r dyrfa goch. Plant ar ysgwyddau a llafarganu geiriau nad oeddwn i'n eu deall. Stydio'r bobl yn ystod y gêm a rhyfeddu at y criw mewn cadeiriau olwyn yn cyrraedd efo'u ceir bocsys glas golau. Troi oddi wrth wynebau'r dyrfa am y cae ei hun wrth i Dad godi ar ei draed i ddathlu crefft Mickey Thomas. Wedyn 'Ma ti, Io bach,' gan Dad yn gorchuddio'r Kitkat mewn cariad yn ystod yr egwyl.

Yr un diogelwch oedd wrth i mi ddringo grisiau pren i neuadd festri'r Ysgol Feithrin at yr Anti Glên. Sŵn traed ei hesgidiau brown gloyw'n clecian wrth ein corlannu ni o'r bybls dŵr a chlai at y llwyfan am stori. Y byn tywyll ar gorff main yn llawn steil o rywle pellach na Recsam. Ei llygaid hi'n fflachio wrth droi tudalennau i ddatgelu stori oedd yn llawer fwy llachar na chynnwys y llyfr. Ei llais hi'n cynnig 'wwww' frwd cyn troi pob tudalen. Yr awchu am y diweddglo a gwybod y byddai pawb yn galw am y stori eto ac y byddai Anti Glên yn ufuddhau i fonllefau'r plant.

Dydw i ddim isio cofio'r ysgol. Y surni llaeth yn gwneud i mi gyfogi ond yn trio 'ngorau i'w yfed heb wneud ffys. A'r unigrwydd. Yr adeiladau *pre-fab* hyll a chabannau llwydion yn fy rhybuddio i o'r hyn oedd i ddod. Mae yna luniau o'r ysgol; fi mewn dillad gorau i'w rhannu efo teulu adeg Dolig ond mae'r profiadau chwithig yn ffilmiau diddiwedd sy'n dal i fy nhormentio fel oedolyn.

Fel y tro hwnnw roeddwn i isio mynd i'r toiled ac yn methu. Dwi ar fy nghwrcwd, o'r golwg, yn ystod amser chwarae, a ddim yn gwybod beth i'w wneud efo'r poethni trwm yn fy nicyrs. Miss Ddel yn dallt fod yna guddio yn y camau mân ac yn estyn nics oedd ddim yn gotwm, efo rhuban gwyn a llun, fel cysur am y llanast. Gorfod eistedd ar ei glin er mwyn i'r crio gelu yn yr ystafell athrawon a 'Mae hon yn dod o deulu sy'n dda am ganu' yn rhoi tro arall yn fy mol i. Dwi'n clywed ogle sigaréts ar wynt Miss Ddel ond mae ei hwyneb hi mor hardd a'r mwytho ar fy nghefn i'n llacio'r ofn.

Ar un diwrnod ysgol, dwi'n cerdded yr allt am i lawr at y caban efo swp o lyfrau T. Llew Jones iddo eu harwyddo. Mae'r 'dwi'm isio mynd â nhw' yn cael ei anwybyddu gan Mam a hithau'n grediniol 'y bydd o'n falch o weld bod pobl yn prynu llyfre Cymraeg yn Recsam'. Mrs o-Ddifri yn estyn ei dwylo am y nefoedd yn ddramatig wrth fy ngweld i'n baglu trwy'r drws. Ac mae T. Llew yn sgwennu negeseuon hardd mewn inc du ar bob un llyfr ac yn gwenu'n garedig. Mae o'n ysgwyd ei ben yn glên arna i, yn fy annog i rannu fy straeon fy hun, ond alla i ddim sôn am faeddu nics a bol caled yn brifo.

Mae plant dosbarth Safon 1 yn mynnu 'mod i'n troi ar y ddau far haearn tu allan i ddrws y caban wedi i mi gael fy hel atyn nhw 'am fod yn un dda efo rhifau'. Dwi'n taro 'mhen yn galed wrth droelli'n rhy sydyn ac mae Miss Ddel yn methu â pheidio ochneidio 'Be ma hon di neud eto?' o dan ei gwynt. Mae'r plant yn chwerthin yn aflafar cyn rhedeg i chwilio am ddifyrrwch newydd yn bell oddi wrth athrawon ac antis sydd yn smalio bod yn athrawon dros ginio. Maen nhw'n gwasgu eu hunain tu ôl i fetel to sinc y cysgod beics, yn pwyso i mewn i gyrff ei gilydd, yn chwarae bod yn oedolion.

Mae yna batrwm yn cychwyn bob bore ar ddiwrnod ysgol wrth mi afael yn dynn yn ymyl cadair ffrynt y car yn crefu ar Mam i gael aros adre neu i gael eistedd yn narlithoedd Jennie Eirian Davies ar gwrs addysg Coleg Cartrefle. Dwi am ei gwylio eto'n pwyllo'n ofalus i dynnu llun Caleb o raglen deledu *Miri Mawr* efo sialc ar y bwrdd du i mi. Er 'ei bod hi'n ddynes siarp', mae ei siarad annwyl hi efo fi yn cyflwyno caredigrwydd tu hwnt i'w chlod academaidd a sgwennu 'pethe mawr' yn *Y Faner*.

'Fyddi di'n iawn' a 'ti'n bod yn wirion rŵan' oedd atebion dyddiol Mam am ei bod hi isio rhoi cyfle iddi hi ei hun gael blodeuo. Ond roedd y plygu i mi gael bod efo hi yn coleg 'mond am heddiw' ar yr un diwrnod hwnnw wedi rhoi rheswm i mi swnian am yr un cyfle yn feunyddiol. 'Ma raid ti fynd a dyne fo!' ond roeddwn i'n gweld yn y sbio i ffwrdd fod Mam hefyd yn ysu i leddfu fy ngwewyr.

Dwi'n cofio'r boreau Sadwrn, dringo'r grisiau crwn i adran y plant yn y Llyfrgell. Sgwâr carped *shaggy pile* yn ofod i hudo plant i ddarllen. Mwytho'r blewiach rhwng troi tudalennau wrth orweddian a deall fel plentyn bod yna werth i bensaernïaeth, fod trefnu adeilad yn fwy na gosod ar hap.

Mwynhau'r ddefod o'r llyfrgellydd yn bodio'r bocsys pren hir i estyn amlenni brown i lyncu'r cardiau o'r llyfrau er mwyn eu benthyg. Ail-greu y ddefod adre yn ofalus gyda hen focys After Eight ac arogli mint yr amlenni duon cyn awchu am siwgr eto. Y siwgr fyddai'n cynnig blas cyrraedd adre ataf fy hun; yr adre oedd yn llechu ym mhob bar siocled a da-da bag papur.

Dwi eisiau tystiolaeth fod yr atgofion yn gywir a mwya sydyn yn cofio am y casgliad o sleids. Wedi holi Mam caiff y sleids eu hestyn. O fewn y bocsys melyn plastig Kodak mae 'na fwy fyth o Recsam yn dod i'r golwg gan chwyddo ym mhrojector fy nychymyg. Yr ysgrifen *Kodachrome Transparency* yn amlygu trylowder atgofion a phrofiadau bywyd. Y trawma sy'n llechu tu hwnt i rith realiti lluniau. Y cysgodion cudd na all yr un projector ei ddatgelu fel *y gwir*.

Ac wrth godi'r sleids at olau'r ffenest, dwi'n dod o hyd i ddelwedd o fy nghyfnither a fy modryb yn chwarae siop efo fi yn yr ardd gefn. Y ddwy wedi dod ar eu gwylie i Recsam bell am ychydig nosweithiau. Siop wedi ei gosod ar focsys brown efo paceidiau *cereal*, pys sych a bisgedi caws yn sefyll yn gam a finne yn plygu 'nghoes am i mewn – eisio pi-pi efo'r cynnwrf. Y ddwy yn hardd ac efo'u gwalltiau hirion yn eu harddegau yn eistedd ar lawr heb boeni am faeddu na rhwygo'u dillad.

Mae yna atgof arall o'r ddwy yn dod efo fi i nofio i Wrexham Waterworld a fy siwt oren, ar ôl hogan drws nesa, yn agor yn fwriadol yn dwll am y blaen a'r cefn yn steil amheus y saithdegau. Fy nghyfnither yn deifio'n hyderus i'r dŵr a'i chorff yn gryf. Fy modryb yn mentro'n rhy bell wrth ei chanlyn a'r dyn ar ben ysgol yn gorfod ei hachub. Ar hynny, daw'r gwyliau i ben a rhybudd am chwarae yn troi'n chwerw yn cael ei gynnig fel yr unig eglurhad. A phan mae pawb wedi 'dysgu eu gwers', y chwarae siop yn cychwyn. Mi fydd y llun siop hwnnw yn gofnod o'r hapusrwydd yng nghwmni dwy o anwyliaid mwyaf y ddaear wedi'i saernïo ar fy nghof am byth.

Mae'r cofio newydd wedi gwneud i mi grwydro strydoedd *Street view* Google Maps fy mhlentyndod. Dwi'n cofio'r swnian, pan oedd hi'n glawio, am gael býs adref yn lle'r cerdded pell efo neges. Mae'r safle bysus a'i gysgodfeydd gwydr, fel promenads llwm, wedi hen ddiflannu. Dwi'n cofio acenion 'deheuol' pobl Recsam yn gymysg ag ogle egsôsts y bysus. Tu hwnt i'r bwrlwm, mae adeilad sbyty ganol dref. Dwi'n cau fy llygaid i geisio baglu'r atgof. Fama weles i Nain Lodge ddiwethaf yn sgrechian mewn poen wrth i gancr ei hysgyfaint ledu.

Mae hi ar ei heistedd yn y gwely wrth i ni gyrraedd a'r boen yn rhoi gwedd ifanc iddi. Y mop o wallt tywyll, a hithau yn ei saithdegau, yn ysgwyd o'i chwmpas. Mae ei dwylo hi'n trio crafangu am rywbeth yn yr awyr i lacio gafael y boen. Mae hi'n wyllt fel dynes sydd am ddial am y cam mae hi wedi'i ddioddef.

Dwi'n methu peidio galw 'Nain!' ond mae yna ofod o ddieithrwch yn ei chaethiwo. Dwi'n erfyn ar Dad i'w hachub hi o'r storm ond mae yntau'n rhythu'n fud ar y graig o gariad sydd wedi'i gynnal yn torri'n deilchion mân. Mae Nain yn codi ymyl ei choban olau ac yn ei chodi dros ei phen ond mae wedi rhwydo ynddi. Wrth i'w bol tywyll dynhau, daw nyrsys i'n tywys ni o'r ffordd a rhoi morffin mewn dysgl siâp gwefus i'w rhyddhau.

Mae yna ddistawrwydd yn torri a dwi'n gwibio'n ôl, yn bell o Recsam i Landderfel, o flaen tân agored yn chwerthin efo Nain. Dwi'n ei hannog i rannu straeon am Dad a'i frawd yn blant ac yn meddwi ar y cariad. Mae'r chwerthin yn codi tagu brwnt ond mae yna lyfr am hanes Eva Peron wrth ei hymyl i fasgio'r fflera a'i hymyl o waed. Dwi'n cael fy ngyrru i nôl fferen o fowlen mewn cwpwrdd sydd yn cuddio maneg yn llawn papurau punnoedd 'rhag ofn'. Mi oedden nhw'n dal yno wrth i Mam a fy modryb glirio wedi i Nain farw. Doedd Nain ddim wedi meistroli'r gamp o adnabod argyfwng pan oedd o'n codi a bachu'r pres i fyw yn rhydd.

Roedd hi wedi cadw beic i ddianc at ei theulu bob wythnos ac i gofio fod ganddi hawl i freuddwydio am hapusrwydd. Dwi'n dal yn ei cholli hi ac yn cydio'n dynn yn yr anwyldeb, yr agosatrwydd. Mi roddodd ganiatâd i mi deimlo'n arbennig, i gael trochi yn y sylw yn lle bod ofn y 'pwy ti'n feddwl wyt ti?' Mi ddysgodd i mi werth llyfrau i ddal gobaith ynghyn, am bwysigrwydd gwên pan oedd gwgu yn dod yn haws i bobl eraill.

Pan fu Nain farw, mi ges i a fy nwy gyfnither ddewis amlen yr un efo'i tair modrwy yn eu plygiadau. Amlenni brown ar gyfer casgliad Capel oedden nhw, ddim amlenni bywyd go iawn. Fy nghyfnither hynaf gafodd yr un ddyweddïo, fy nghyfnither fenga yr un briodas a'r un rad roedd Nain wedi phrynu iddi ei hun o HM Samuel ges i. Doedd yna ddim cenfigennu rhyngom ni, dim ond cariad a'r cyswllt yma oedd y peth agosaf oedd gen i at gael chwiorydd. Yn yr aur oedd wedi pylu a'r deiamwntiau heb lewyrch, roedd yna lais o hawlio hapusrwydd drosom ni ein hunain, o dorri'n rhydd. Fel ei gwisgo trowsus beiddgar, a'i diffyg brwdfrydedd at goginio, roedd Nain wedi dysgu i mi nad oedd raid i mi wastad gydymffurfio.

Fues i ddim yn yr angladd. Mi oedd o'n ddiwedd rhy frwnt ar gariad oedd yn rhedeg yn ddwfn at fy hanfod

i. Mi ddalies i ar y ddelwedd o'r Imp Melyn yn cyrraedd Wyddgrug a finnau'n ddeg oed a Nain wedi achub *cocker spaniel* nerfus oedd yn methu dygymod â chreulondeb hyfforddiant codi ffesantod Taid. Mi roddodd Nain y ci yn fy nghôl ac wrth fynd â fo am dro yn fy mreichiau i'r chwarel dywod dros y ffordd, mi deimlais i fod yna undod rhyngom ni, dealltwriaeth tu hwnt i eiriau. Erbyn i mi gyrraedd yn ôl, roedd Mam wedi rhoi diwedd ar y freuddwyd drwy gyhoeddi bygythiad blew y ci i'w brest gaeth.

Dwi'n ochneidio, yn gwthio'r sleids yn ôl yn daclus i'w casys plastig. Mi wyt ti Recsam wedi bod yn ddinas i mi ers y cychwyn, yn gosmopolitaidd, yn cynnig posibiliadau er na fuodd hi'n fêl i gyd.

Ond tydw i ddim yn dal dig atat ti. Mi wyt ti wedi dod â llawnder ym mabis fy nghyfnitherod yn Sbyty y Maelor, boddhad o orwedd ar lawr i wasgu i ddrainpipes glas yn Jean Jeanie, dewis ffrogiau gorau efo Nain yn Marks a chyfarfod Dixie McNeill yn 'stafelloedd newid y Cae Ras ar ddiwrnod agored a gwrido achos fod Dad yn gwirioni.

Ar rali Yes Cymru dwi'n trio rhannu fy atgofion efo fy mab a 'mhartner. Does yr un o'r ddau yn dangos rhyw lawer o ddiddordeb a dwi'n fwy na bodlon cofio heb leisio.

Mi yden ni'n ymgasglu o flaen y llyfrgell a dwi'n ymlacio yng nghroeso cyfarwydd Recsam. Mae pawb o 'nghwmpas yn ei synhwyro hefyd a ffrindiau yn mopio efo'r dref nad oedd ganddyn nhw unrhyw ddisgwyliadau amdani. Mae hi'n swyno a dwi'n fam falch i le wnaeth feithrin fy ngwytnwch.

Diolch, Recsam, am gynnig gobaith fod yna feddalwch mewn byd caled.

byd yr ail-gyfle

Mam

Dwi'n oedi ac ail-feddwl cyn sgwennu. Tydw i ddim isio creu drwgdeimlad o fewn perthynas sy'n gallu gwegian dan straen. Dwi'n ofni y bydd aelodau o'r teulu yn cysylltu yn cywilyddio, yn sôn 'mod i'n anniolchgar, 'mod i'n hunan-ganolog, 'mod i'n frwnt a hunanol. Ddim beirniadu ydw i, dwi'n gwerthfawrogi fod yna wirionedd yn y geiriau. Dwi isio rhannu, isio cael fy nghlywed ond efallai mai nid dyma'r gofod diogel i wneud hynny.

Dwi'n myfyrio, yn aros am arweiniad gan y llais mewnol ond dwi'n clywed dim. Felly, dwi'n mentro, yn chwarae efo syniadau. Gadael i atgofion ddod i'r wyneb a gobeithio y galla i gynnig rhodd o gariad mewn du a gwyn i Mam.

Dwi'n amau alla i ymlacio digon i greu mwclis tlws o atgofion i'w gwisgo neu fydd y peli bychan yn dymchwel o 'nghwmpas ac yn fy maglu a'm llorio eto? Wedyn dwi'n cofio'r myrdd o sgyrsiau efo ffrindiau a'u perthnasau efo'u mamau hwythau sydd fel esgid ry dynn. Y parchus ofn sydd wedi dysgu i ni i beidio 'lladd ar' ein mamau. Dwi isio lleisio'r rhwystredigaeth, yr ofn, yr ansicrwydd, nid drwy sefyll ar lwyfan beirniadaeth ond drwy eistedd ar dywod cynnes cariad.

Mi fuodd yna drobwynt wythnos yma, lle deimlais i newid, rhyw gydnabod bod llymder yn ffordd ry galed o lywio trwy fywyd. Roedd Mam yn sylweddoli ei bod hi angen diogelu ei llesiant, gwarchod ei hun, peidio rhoi'n ddiddiwedd ar draul ei hiechyd bregus. Bod yna ddiwedd ar y merthyra o fynd y filltir ychwanegol am bod hwn a hon yn bobl *dda* a'r angen i fod yn *driw*. Bod ei hiechyd corfforol yn adlewyrchu straen emosiynol a bod gosod ffiniau diogel yn well ateb nag estyn am antibiotics.

Dwi'n sylwi ar ferch tu allan i fy swyddfa yn gwthio pram yn y glaw yn tynnu ei hambarél i lawr o gysgodi ei phen ei hun i gadw'r babi'n sych. Dwi'n gwybod mai'r gofal ymarferol hwn sydd wedi bod yno trwy 'mywyd efo Mam ond mi fydde hi wedi gofalu cludo'r gorchudd glaw yn daclus o dan y pram yn y lle cyntaf. Fel mae fy nheulu wedi fy atgoffa gwastad: 'Un dda 'di dy fam.'

Dwi'n edmygu'r ffyddlondeb a dwi'r gyntaf i gydnabod ei chadernid i bawb ond mae yna beryg mewn mygu'r gwirionedd. Does yna neb yn ddu a gwyn ac mae gweld y llwyd yn rhoi tynerwch, nid gwendid, i bawb.

Mae Mam yn ddynes ymarferol heb ei hail. Yn gallu gwnïo cyrtens, codi godrau trowsusau ysgol yn daclus, creu ffedogau del i'm merched i gadw eu ffrogiau morwynion priodas yn lân a gwnïo bagiau dal pegiau efo sbarion defnyddiau. Mae gen i gwrlid gwely ar ei hanner a wnïodd Mam o hen ddarnau dillad fy mhlentyndod, yn glytwaith celfydd mewn siapiau hecsagon.

Tydi gadael job ar ei hanner ddim yn rhan o gyfansoddiad Mam ac mae hyn yn codi cwestiynau. Dwi'n amau mai'r ateb ffwrdd â hi i 'Pam fod ti heb i orffen o, Mam?' fyddai 'Mi o'n i'n brysur do'n rhwng bob dim.' Oni fyddai'r defnyddiau llawn atgofion wedi gallu arwain at drafodaeth agored am blentyndod y ddwy ohonom? Oedd yna gymryd stoc wedi torri ar lif y pwytho? 'Twt lot! Ponsh maip! Fiw imi ddeud dim byd wrthat ti neu ti 'di droi o'n rywbeth arall.' Mae yna sgwrsio yn berwi yn 'y mhen i; rîl o olygfeydd yn troi ar garlam na alla i feiddio'u rhannu efo neb. Fi sydd efo 'syniadau gwirion' a dwi'n dysgu 'rhoi stop arnyn nhw rŵan' rhag gwneud i unrhyw un arall deimlo'n anghyfforddus. Ac mae'r gorchmynion yma'n fy ngwasgu i'r *Iola Lai*.

Dydw i erioed wedi cael trafferth gadael jobsys ar eu hanner a mae hynny wastad wedi cythruddo Mam. Dechrau clirio fy llofft a dod ar draws hen lythyr a mynd ar drywydd rhyw stori yn fy nychymyg neu dasg newydd. Ffeindio hen sgert dan y gwely a phenderfynu ei thrio efo cyfuniad newydd o ddillad a thynnu mwy o lanast i 'mhen. Clywed sgwrs tu allan a gwrando'n fusneslyd neu rowlio carreg rhwng fy mysedd a chofio traeth pell.

Gydag anwyldeb mae Mam yn cofio fel y byddai Nain yn tarfu ar dasgau gyda 'Tyd i ni gael paned' ond mae 'sticio iddi' wedi mynd yn fantra nad oes modd gwyro oddi wrtho i Mam. Mae Mam yn gallu ffeindio tasgau i gadw ei hun yn brysur pan fo'r tŷ fel pìn mewn papur – o sychu topie'r cypyrddau cegin i roi côt newydd o baent i waliau dilychwyn. Yr unig eithriad, nad oes rhaid creu esgusodion i gyrraedd ato ydi llyfr *da*. Mae'n rhaid i'r darllen fod yn taro deuddeg efo argyhoeddiad gwirionedd crefftus, ddim rwtsh ryw syniadau wedi eu hail-dwmo.

Dydi gwastraffu cyfle, yn arbennig pan ddaw hi'n fater o fwyd, fyth yn mynd heibio Mam. Adlais o gynni a thlodi ei magwraeth neu gof ohono wedi'i selio yn DNA y cenedlaethau. Mi gaiff llus y Berwyn gan berthnasau eu troi yn jeli at Dolig, cyrens duon a gwsberis o'r ardd eu gwasgu i jariau jam neu grymbl blasus a mwyar duon eu troi'n gymar i jin.

'Dydw i'n dda i'm byd efo bwyd ffansi,' ydi'r diwn gron. Ond mae'r gacen dêts yn toddi yng ngheg rhywun a'r lliw tywyll yn hudo fy mab tair oed sydd fel arfer mond yn gwirioni ar felysdra wedi'i wisgo mewn lliwiau llachar. Mae'r gacen Dolig, sydd yn cael ei chynnig i mi 'rhag ofn i rhywun alw', yn cael croeso brwd wrth i mi ei phostio i'r Dwyrain Canol at ffrind sy'n rhyfeddu at ddawn coginio Mam.

Ond wnaiff Mam ddim cymryd ei chanmol. Mae hi'n bychanu unrhyw lwyddiant efo sylw o 'dydi o'm byd siŵr' sydd yn rhoi tro yn fy mol i. Mae hi'n gwasgu ei hun o'r golwg i amlen stiff wedi'i chau yn sownd.

Roedd Mam yn blentyn sâl. Yn cael niwmonia sawl gwaith ac antibiotics ddim ar gael. Dwi'n pigo ar ffeithiau fy Lefel A Hanes am sefydlu'r Gwasnaeth Iechyd ac yn synhwyro dryswch. Oedd yna ddigon o sylwi ar y ferch fach?

Mae yna chwerthin caled 'nad ydw i'n gwybod fy ngeni a nad oes gen i syniad am be dwi'n sôn' a'r cyfeirio at gywilydd eto ond dwi'n hyderus yn fy sensitifrwydd i deimlo poen eraill. Yr adnabod hwn ar amrantiad mewn 'stafell lawn o ddieithriaid a'i synhwyro fo'n chwyddo'n barhaus ynof fi fy hun sydd wedi fy nhywys at alcoholiaeth i leddfu, i 'niogelu a 'nghadw i'n fyw. Ond mi beidiodd yr alcohol ag agor drws y ddihangfa dân i fy nghoelcerth fy hun. Coelcerth a losgodd odre fy nillad nes bod y bobl o 'nghwmpas i'n wenfflam hefyd.

Dwi'n amau y buodd Mam yn *fam* i'w chwiorydd o 'mlaen i a'r awydd i ddianc yn cael ei fachu mewn swydd siop ironmongers a thŷ lojins yn un ar bymtheg oed. Dwi'n edmygu y cymryd rheolaeth yna, fwy na ddalltith Mam fyth. Gafael yn ei dyfodol ei hun yn gadarn gan wybod fod yna fwy iddi hi na llenwi ordors ffarmwrs a mân siarad efo cwsmeriaid.

Roedd hi wedi colli ysgol yn gyson efo'i hysgyfaint wael ac roedd dymuniad Dad i fyw bywyd rhydd a gwell yn ei chymell yn ei blaen. Mae Mam wastad yn arddel ei chred yn yr ail gyfle ac yn ymgorffori'r llwyddiant fel athrawes ddaeth yn bennaeth adran y Gymraeg o siop coparét. Mae'r gred hon wedi cydio ynof innau ac wedi fy amddiffyn mewn amgylchiadau eithafol. Yr ymddiried y daw cyfle i wneud iawn am gamgymeriadau ac y bydd yna ffynnu iach yn arwain o'r tywyllwch.

Mae Mam yn aml yn adrodd hanes fy ngeni a'r rhybudd taer a gafodd gan y meddygon i beidio cael plentyn arall. Ei bod hi wedi dod yn agos at golli ei bywyd a'i bod hi'n rhy wan i fy magu am y bythefnos gyntaf. Fel Mam fy hun a gafodd brofiadau heriol gyda fy nghyntaf-anedig, dwi'n cwestiynu doethineb ailadrodd y stori a finnau'n ferch yn byw efo gor-bryder. Mae gwaith ymchwil niwrolegol am bwysigrwydd cyffyrddiadau croen cynnar a chofleidio Mam a phlentyn yn fy ngwneud i'n drist dros y ddwy ohonon ni.

Efo Dad, ryden ni wastad wedi gallu teimlo'n gyfforddus,

yn glos at ein gilydd heb eiriau. Roedd hynny'n arwain at linell mewn llais o wirionedd plentyn, 'Be amdana i?' gan Mam.

Dwi'n deall heddiw nad fy ngwaith i ydi tawelu Mam, mai unigolion sy'n gyfrifol am ganfod eu heddwch a dwi'n synhwyro bod Mam yn gwneud hynny. Mae unrhyw ymgais i awgrymu cael cefnogaeth broffesiynol er mwyn datgymalu profiadau bywyd wedi cael ei watwar a'i daflu yn ôl at fy llanast fy hun yn y gorffennol. Dwi'n cydnabod fy nghymhlethdod fy hun, fy salwch, fy obsesiynau, fy iechyd meddwl bregus er gwaetha'r ymddangosiad allanol i eraill. Dwi'n deall 'mod i'n parhau i guddio poen a dangos ei greulondeb yn aml i'r rhai agosaf ata i trwy fod yn ddiamynedd a phigog. Erbyn heddiw, dwi'n gallu syrthio ar fy mai ac ymddiheuro, nid er mwyn torri corneli ond i 'niogelu fy hun ac er mwyn bod o werth i eraill.

Dwi'n gwybod am y boen ddirfawr dwi wedi'i hachosi i fy rhieni ac yn cymryd cyfrifoldeb yn llwyr. Mae yna lif o atgofion yn rhuthro i 'nghof, yn brwydro am le ym mlaen y ciw codi cywilydd. Dwi'n dychmygu bod gan bobl eraill restrau llawer mwy maith wrth i fryntni fy nhafod a 'ngweithredoedd ddeillio o flacawt lle na alla i gofio dim.

Geiriau cas yn cael eu gweiddi gen i mewn priodas, mewn dathliad, mewn eisteddfodau a Dad yn amlach na pheidio yn trio cymodi a maddau yn fud. Mam yn chwerwi ac yn lladd y gobaith gydag edrychiad blin. Yn benderfynol o gosbi heb dorri gair. Yn ochneidio, ysgwyd pen ac yn oer pan fyddai cyffyrddiad addfwyn wedi siarad efo huodledd y galon.

Ond eto, mi fyddai yna rin dyfnach wastad yn ymddangos yn Mam pan oedd hi'n wirioneddol fain arna i. Mae'n debyg nad oedd y rhin yn dod i'r golwg i mi yn niwl fy alcoholiaeth waethaf.

Pan oeddwn i mewn gwendid iechyd meddwl na wyddwn i y gallwn i syrthio iddo fo, dwi'n cofio crefu ar Mam i fy helpu. Roeddwn i ar fy ngliniau yn estyn am ei breichiau a hithau'n ei ddehongli fel ymgais i ymosod arni. Efallai fod y diffyg cysylltiad rhwng fy ymennydd a 'nghorff wedi gwneud llanast o 'mwriad ond isio teimlo breichiau'n dynn yn addo cefnogaeth oeddwn i. Ond dydi Mam erioed wedi teimlo'n gyfforddus yn gafael amdana i a doedd dim disgwyl iddi gychwyn o'r newydd a finnau ar fy ngwaethaf yn myllio, crio a chwerwi am yn ail ac yn dychryn pawb o 'nghwmpas.

Galwad i fy arestio ddaeth yn ateb a dwi'n falch o'r ymateb hwnnw heddiw. Roeddwn i tu hwnt i resymu, i drafod ond mae'r cofio yn dal i godi dagrau am y coelio o ddiniweidrwydd plentyn y byddai coflaid hir wedi dod â fi'n ôl at fy nghoed. Mi wnaeth y trydydd arestiad y tric ac mi estynnais am raglen o adferiad deuddeg cam.

Ond trwy'r cyfan, Mam oedd yn eistedd wrth fy ymyl yn ddistaw wrth aros am fynd i mewn i'r achos llys; yn gadarn, yn gwneud ei gorau hyd eithaf ei gallu i gefnogi ei hunig ferch.

Yn haelioni Mam wedi i fy merch hynaf gael ei geni, mae yna lond albwm o luniau wedi eu hargraffu o'm plentyndod. Ymysg y lluniau cyntaf, mae Mam yn fy nal yn falch yn ychydig wythnosau oed ar draeth Bermo a dwi'n ymddiried yn nhystiolaeth y llun o gwlwm cariad tynn. Mae ei stumog hi'n fflat, y ffrog mini yn drawiadol ac mae yna gryfder yn y fam ifanc hardd.

Mae Mam ei hun yn cyfadde'r natur gweld beiau yn hytrach na gweld y rhinweddau. Staen ar ddilledyn yn hytrach na'r patrwm cywrain sy'n mynd â'i llygad hi gyntaf. Yr ymateb i 'argyfwng' gyntaf ac wedyn ymlacio i weld nad oedd angen cynhyrfu ac yna gallu codi golygon i weld yr harddwch mwy.

Mynd yn sownd mewn arferiad sydd ddim yn dal dŵr yn y presennol ydi gwendid fy mhatrymau meddwl i. Dwi'n dal fy ngafael yn rhy dynn ar ymddygiad, cred, perthynas neu arferiad oedd yn bleserus ac yn gweithio ar un cyfnod, ond sydd wedi chwythu ei blwc bellach. Mae'n rhaid i mi wthio i agor cil y drws ar feddwl agored sydd yn croesawu syniadau newydd efo chwilfrydedd, nid beirniadaeth.

Dwi'n derbyn bod Mam wedi 'ngharu a 'nghynnal yn y ffordd orau bosib iddi hi a dwi'n ddiolchgar am hynny. Dwi wedi bod yn sownd mewn *cul de sac* o chwerwder nad oeddwn i wedi derbyn y sylw oeddwn i ei angen fel plentyn hynod o sensitif, nid 'gwirion' nac 'wedi'i sboelio'. Ond mi ges i hyd i dwnnel i dyrchu o dan y *cul de sac* i oleuni o faddau i mi fy hun a phawb arall. Mi yden ni i gyd yn gwneud ein gorau ar y pryd waeth beth fo pobl eraill yn ei dybio. Nid byw yng nghysgod barn a rhagfarn pobl eraill sydd yn rhoi gwres yr haul ond camu i'r bwlch fel bo'r haul yn ein cyrraedd ni.

Efallai mai gwylltio nei di wrth ddarllen hwn ond dwi'n gwybod, o ymlacio, y gwnei di wybod 'mod i'n dy garu yn ddi-ben-draw ac yn dy edmygu. Ac mewn amser, mi ddoi di i ymfalchïo yn dy lewyrch, dy garedigrwydd, dy ddeallusrwydd a llonni yn y teulu bach y gwnest di ei dywys i'r byd wrth gamu a thorri dy gŵys dy hun fel y chwaer nad oes neb yn ei hadnabod ond sydd yn llawn gwerth. Ti sydd yno'n gyson, yn glust a charreg lefn, yn wastad o gariad, sydd yn achub cam ac yn edmygu unrhyw un sydd am fentro i fyd yr ail gyfle.

Diolch Mam.

cael fy swyno gan gysgodion

Tyrchu

Mae o'n wincio arna i ar fore glawog wrth fynd â'r ci am dro yng Nghaernarfon. Dwi'n llonyddu, yn sgwrsio yn fy mhen trwy ffenest siop elusen efo ornament gwydr fy mhlentyndod.

Y sŵn sy'n dod ataf i gyntaf o drio ei gau ar garlam. Y gwydr yn clensian wrth gael ei ollwng am ei waelod fel dannedd gosod yn cau'n glep. Yna'r ras i gelu'r tyrchu.

Dwi'n wyth oed, yn trio llenwi diwrnod o wylie haf hir wedi i ni symud i'r Wyddgrug. Mae Mam i lawr grisiau yn stydio a 'gen ti lond gwlad o lyfre' neu 'dos allan i chware' yn ateb parod i swnian 'sgynna i'm byd i neud'.

Rôl orie o wylio hogan a'i brawd ym mhen draw'r *cul de sac* yn ffraeo yn eu gardd a sbecian ar Maggie drws nesa, er nad hynny ydi ei henw hi, yn gosod dillad ar lein yn ei slipas sawdl uchel pinc, mae yna awch i greu antur yn gafael ynof i. Yr awydd i fod yn hogan 'ddrwg', i deimlo swigod y byd tu hwnt i 'Iola dda'.

Fel arfer, mi alla i ddiddanu fy hun efo stôr fy nychymyg, yn y synfyfyrio wrth ddilyn taith diferion glaw ar ffenest. Ond heddiw mae'r ysfa wedi tyfu'n flodyn haul o isio mentro efo 'nghorff hefyd. Weithiau, mi alla i ei dawelu o drwy wasgu i'r cwtsh dan grisiau i godi ofn arna i'n hun yn nhywyllwch y bocsys afalau sydd wedi lapio'n dwt at y gaeaf. Aros tan mae yna holi 'lle ath hi rŵan?' yn gwibio uwch fy mhen i. Dro arall, mae creu siop ddillad a llithro'n ôl a blaen o gwsmer i weithiwr efo dillad jymbl sêl Capel yn llyncu p'nawn.

Mae yna weiddi yn fy nhynnu i'n ôl at y ffenest. Dyn drws nesa heb gael ei baned ddigon sydyn. Ar ei chwrcwd mae ei wraig ddi-blant yn tynnu'n galed ar smôc tu ôl i lwyn pampas. Dwi'n agor y ffenest i glywed union wenwyn y brytheirio ac mae hi'n fy nal i'n busnesu. Fel dwi ar fin cuddio, dwi'n sylwi nad oes yna gerydd, dim ond gwên yn ei llygaid hi. Mae yna ysfa i chwythu sws ati hi ond dwi'n sadio, yn lleihau fy ymateb, a chodi llaw i'w chyfarch.

Mae o'n dod allan a sefyll uwch ei phen hi gan sibrwd ei fryntni. Dydi hi ddim yn brysio. Mae hi'n diffodd y sigarét ar y lawnt a'i thaflu at siffrwd y pampas. Mae o'n mentro closio nes dwi'n synhwyro y bydd ei wylltio yn ei yrru o i'w brifo hi. Dwi'n rhewi, yn benysgafn, yn teimlo'n bell i ffwrdd ac yng nghorff y ddynes drws nesa 'run pryd. Fel mae o'n pwyso am ymlaen efo'i drwyn i daro ei thrwyn hithau fel y *clackers* ges i Dolig, mae hi'n anelu ei bys ata i. Dwi isio gorwedd ar lawr ond dwi'n sownd mewn corwynt o eneth ddrwg wedi'i dal. Mae o'n troi a rhoi nòd i 'nghydnabod cyn tynnu am yn ôl a simsanu ar ymyl y *crazy paving*. Mae o'n brytheirio'r llechi cam, yn rhewi fel pe bai'n disgwyl iddyn nhw ymateb, cyn taranu'n ôl am y tŷ. Dyna pryd mae hi'n dechrau chwerthin a dwi'n rhyddhau fy anadl trwy fy ngheg fel gwely gwynt yn cael ei ollwng i'w gadw.

Mae rhaid i mi sadio fy hun ar y silff ffenest a dwi'n sylwi ar y gwaed yn rhedeg ar ochrau fy nau fawd. Dwi'n sugno'r cochni a syrthio ar fy eistedd ar y gwely. Mae yna reddf i ddal fy mhen am i lawr a theimlo fy nghlustiau yn llenwi efo llanw gwaed yn nüwch ogofâu fy meddwl.

'Be ti'n neud?' dwi'n ei glywed o lawr grisiau ac yn gwybod y caiff yr 'Mbyd' tila ei ateb gan dair gris ar ddeg o 'ti 'di bod rhy ddistaw o lawer'.

'Fydd hi'n amser nôl neges toc felly dos i wisgo amdanat yn iawn. Se'm yn ddrwg o beth ti dacluso dy lofft yn ddel cyn i ni gychwyn. Mae 'ne olwg y fall yne,' sydd yn cael ei wthio'n llythyr cyhuddgar dan y drws *plywood*. Dwi isio ateb 'Elli di'm gweld trwy drws,' ond yn gwybod y gwnaiff 'Paid â'n ateb i nôl' ladd unrhyw obaith o gacen o siop Robertsys a chroesi ffordd i chwilio am ddefnydd yn y siop wnïo i gael *Gypsy skirt*.

'Wel ateb!' sydd yn torri ar alaw'r grisiau wrth i Mam bwyllo ar y tro dan y ffenest.

'Iawn,' dwi'n ei ddweud yn ddigon uchel i'w rhwystro rhag dod i mewn i'r llofft.

Dwi'n agor drôrs y cypyrddau a gollwng llanast sydd ar y topiau efo 'mreichiau fel Anti Ysgol Sul yn hel plant i festri cyn pregeth. Mae yna fymryn o dameidiau papur yn gollwng yn araf ar lawr a dwi'n eu plygu nhw'n frysiog yng nghanol y drôr nics a sanau. Dwi'n corlannu sypiau dillad a llyfrau ar lawr efo 'nhraed a'u gwthio o'r golwg dan y gwely.

Dydi'r drws cwpwrdd cotiau ddim wedi ei agor lawr grisiau felly dwi'n amcangyfrif fod gen i hanner awr go dda cyn cychwyn am y siopau. Mae'r penderfyniad i fynd i dyrchu wedi'i wneud. Dwy lofft sydd yn galw. Y llofft sbâr efo'i charthen biws a glas drom a drych ar ben y cwpwrdd yn y gornel neu lofft Mam a Dad. Tydw i'm fod i fynd i'r un i 'fusnesu a hel llanast' ond mae hi'n haws ffeindio esgus am 'Sbio oedd yna blant allan yn chwarae oeddwn i' yn y llofft sbâr.

Dwi'n camu i glustfeinio ar y landing. Yn pwyllo ddigon i sylwi ar y llwch sydd wedi hel ar y botel win efo clust a sgert wellt ar sil ffenest y grisiau. Dwi'n cael fy swyno gan gysgodion yn symud yn ffenest bathrwm y tŷ drws nesa ond yn gwybod yn syth nad ydi hyn yn ddigon o ddidanwch i lenwi'r hanner awr.

Mae fy nhraed yn llenwi gwyrddni'r deiliach carped ar lawr a dwi'n gwenu wrth ddallt fod drws llofft Mam a Dad yn gilagored – yn estyn gwahoddiad i mi. Dwi'n ei wthio'n araf a chael fy nharo gan surni ogle cyrff wedi trwmgwsg. Mi alla i weld fy nhrwyn wedi crychu yn nrych y *dressing table* a dwi'n teimlo moelni carped y llofft yn nodi 'mod i wedi cyrraedd yn saff.

Dwi'n asesu'r llofft fel petawn i'n ei gweld am y tro cynta; yn sganio'r tirwedd am beryglon di-ben-draw. Mae yna gynnwrf yn codi wrth wybod mai yn y gist fetel drom y mae'r cynnwys mwyaf difyr. Mae'r swp *Readers Digest* sydd wedi eu llwytho'n gam drws nesa i'r lamp cregyn lan môr efo *polyfilla* yn cymryd y gwynt o fy hwyliau i'n syth. Mi fyddai tynnu'r rhain fesul un yn job araf a rhy ddyrys i feddwl am eu hailosod cyn diwedd y brasgamu i fyny tair gris ar ddeg.

Mae'r siom yn fy ngyrru i eistedd yn swnllyd ar y gwely. 'Iola, be ti'n neud?' dwi'n ei glywed yn syth o'r gegin. Dwi'n oedi cyn ateb a symud i ben y grisiau i weiddi heb fradychu'r ofn, 'Isio gweld fy hun yn drych yn llofft chi o'n i!'

'Tyd o ne reit handi cyn ti falu dim byd,' ac mae sŵn y radio'n nodi bod yna bwyllo am baned i fod.

Dwi'n codi fy nyrnau yn fersiwn bach o Dixie McNeil yn sgorio gôl ar y Cae Ras yn Rrecsam ac yn cerdded wysg fy nghefn yn ôl i lofft Mam a Dad. Mae'r hyder yn gwneud i mi redeg 'y mys dros bren y drôrs a phwyso fel dynes siop fferins Feccis yn cadw llygad ar blant drwg a'i breichiau ar led hyd y cownter.

Wrth droi 'mhen yn ôl a mlaen a gwneud siâp sws yn y drych, dwi'n rhan o griw dawnsio Hot Gossip *Top of the Pops*, yn gwneud wynebau llawn angerdd difrifol. Mae angen i mi roi gorau i ddawnsio cyn estyn efo fy nwy law am handlen y drôr canol un. Dwi'n gwybod fod eisiau bôn braich i gychwyn ei agor ond mae yna esmwythdod annisgwyl ynddo fo heddiw sy'n rhoi sêl ar yr hawl i dyrchu.

Mi ydw i'n adnabod trefn y cynnwys yn berffaith wedi ymweliadau lu i funsesu. Y compact caead enamel efo hwyaden yn anelu am i fyny yn erbyn awyr las berffaith yn y canol, bocsys bychain tywyll, hen amlenni llawn llythyrau papur neis, dyddiaduron cul a main, hen gadwynau corcyn a *beads* mân lliw pridd, breichled lydan sydd yn awchu am gnoi dillad a ruban felfed glas tywyll sydd wedi dal ei afael mewn persawr nosweithiau ffrogiau llaesion hardd.

Mae yna rywbeth newydd nad ydw i wedi sylwi arno fo o blaen wedi sodro ei hun yng nghanol y drôr. Cylch gwyn plaen yn ddigon tebyg i ddaliwr llinyn y switsh golau yn y bathrwm. Yn rhyw ddynwarediad tila o goethni'r compact ac yn agor yn yr un ffordd. Dwi isio bychanu ei blastigrwydd gwyn am fentro i rywle nad ydi o fod. Dwi isio codi cywilydd arno fo am feiddio meddwl y gall hawlio lle ymysg y drôr trysorau. Dwi'n dal fy hun yn sbio lawr fy nhrwyn yn hallt yn adlewyrchiad y drych ac yn synnu 'mod i'n gystal meistr ar grefft y ffieiddio didrugaredd.

Dwi'n ei droi ar ei ben i lawr a does yna ddim math o enw na phatrwm nac addurn yn agos ato fo. Mae yna ddwy linell yn codi a dwi'n bachu gewin oddi tanynt er mwyn ei agor o a dyna pryd y syrthia cap plastig wedi melynu ar lawr rhwng fy nhraed. Mae o 'run maint â chledr fy llaw a dwi'n sylwi fod yr ymyl wedi rowlio fel ceg sach o'i gwmpas. Mae gen i ysfa i weiddi lawr at Mam 'Pam bo ti'n cadw rhywbeth mor hyll yn dy ddrôr pethau neis?' a dwi'n stopio'r syniad efo gwên i'r drych. Dwi'n chwarae efo'r cap atalgenhedlu rhwng fy mysedd, heb fod yn deall be ydi o, cyn diflasu ar ei bresenoldeb di-nod a'i gadw'n saff.

Dwi'n cau'r drôr ac yn estyn at y trê, y ddau gwch gwydr a'u caeadau siâp diemwnt. Maen nhw'n disgleirio ac yn gweiddi am sylw. 'Fama ma'r rhyfeddodau mwya' ydi gwaedd y cwch ar y chwith. Dwi'n codi'r caead am y tro cyntaf erioed ac mae yna gryndod yn dod i fy llaw. Mae rhaid i mi ei roi lawr ond mae fy llaw i'n chwysu a dwi'n clywed y gwydr yn malu'n deilchion yn fy nychymyg. Ond mae o'n saff, yn sefyll yn stond ar y pren; yn cael cip ohono'i hun yn y drych ac yn mopio.

Yn y cwch, mae calon aur ar gadwen. Mae yna batrwm ysgafn wedi'i grafu ar y galon a chlust bach i'w hagor. Tu mewn mae yna lun o ddyn hardd yn gwenu ac yn gafael yn ei dei ac ar yr ochr arall, dynes dlws efo gwallt sydd ofn tyfu'n hir. Mae'r ddynes yn dal gafael ar amheuaeth a'r dyn yn addo bywyd o ryddid a char heb do. Maen nhw'n dychmygu tai heb damprwydd a cheginau fformeica oren a dau o blant yn chwarae'n gytûn.

Dwi'n dal y galon o 'mlaen ac mae'r dyn a'r ddynes yn rhoi winc yr un i mi. Maen nhw'n datgan yn barti adrodd ystrydebol 'Dim ond y ti oedd Mam yn gallu gael, de, ond chei di ddim dy sboelio!'

Yn y foment honno, dwi'n sylweddoli fod gen i ran yn stori y calonnau – y gwnes i adael fy ôl yn cyrraedd y byd; yn falwen ludiog sy'n methu cuddio ei thaith ac yn chwalu'r breuddwydion.

Dwi'n cau'r galon ac yn clywed eu chwerthin nhw'n codi o'r preifatrwydd newydd. Dydw i ddim am glywed y closio a'r caru oedolaidd. Dwi'n deall mai hwn ydi fy arwydd i fynd i dawelwch llofft 'geneth dda' i orwedd dan gwilt yn fy nghoban *flannelette* a'i lastig rhy dynn yn torri mewn i 'ngarddyrnau. Ond tydw i ddim isio gadael eto, mae yma ormod o drysorau.

'Reit, ma isio ni gychwyn!' sydd yn fy ngorfodi i symud ar unwaith. Mae'r dychryn yn magu nerth, yn tynnu lliw o flodau oren a gwyrdd y papur wal yn llofft Mam a Dad.

Dwi'n gollwng y caead ar y cwch gwydr a hwnnw'n canu, yn fforch diwnio o ofn cael fy nal yn diasbedain yn fy nghlustiau. Y waedd honno sy'n torri drwy ffenest siop elusen, mor glir ag oedd hi'r bore hwnnw yng nghul de sac di-nod fy mhlentyndod, a finnau rŵan yn 53 mlwydd oed.

'Be ti'n neud yn fanne? Fydd 'ne andros o le os wyt ti 'di bod yn busnesu trwy bethe ti'm i fod eto!'

Mae yna wrid yn codi yn fy mochau. Sylwi ar hyn ydw i drwy adlewyrchiad drych y *dressing table* achos tydw i ddim yn fy nghorff bellach nac yn teimlo dim. Mae'r oerni o ddod allan ohonof fy hun yn rhywbeth dwi'n ei adnabod heddiw, yn ymwybodol ohono ac mi alla i gofleidio fy hun i ddadmer rhew yr ofn. Dwi'n deall mai Cortisol ydi ei enw a dwi'n ei groesawu, yn gafael ynddo fo ac yn cynnig paned fel nad ydi o'n digio. Dwi'n ei glywed yn ystyried cerdded grisiau fy nhrawma ond cyn iddo fo godi blaen ei droed, dwi'n rhoi sylw iddo fo fel ffrind, nid gelyn. Mwya o groeso dwi'n ei gynnig, y lleia mae o'n teimlo fod raid iddo fo aros ac erbyn hyn dim ond cnoc ar ddrws ffrynt *knock doors* plant drwg dwi'n ei brofi. O fynd i agor y drws ffrynt, dim ond ogle *exhaust* ei fodolaeth o sydd ar ôl.

Dwi'n codi'n araf, yn camu dros styllen swnllyd y llawr, yn cymryd dau gam dros riniog drws llofft Mam a Dad, ac yn ateb, 'Dim byd! Dŵad rŵan!'

Dwi'n newid o fy nghoban yn frysiog, yna'n pwyllo, cyn cychwyn i lawr y grisiau ac yn llongyfarch fy hun am lenwi hanner awr unig blentyn yn well nag erioed.

★★★

Mae'r ci'n synhwyro'r cynnwrf ac yn codi ei bawennau ar fy nghoesau. Dwi'n sylwi ar ein hadlewyrchiad yn ffenest y siop elusen, yn mwytho ei gôt euraidd ac yn teimlo'r cariad. 'Doedd o'm byd, Caio bach, mond plentyn yn dilyn ei greddf i dyrchu fatha tithe.'

derbyn pethau yn union fel maen nhw

Cors

Llandegla.

Dwi'n licio'r enw. Mae yna lawenydd yn perthyn iddo fo. Dwi'n cymryd fy ngwynt, yn gwybod y bydd raid i'r car droi i'r chwith am gyfeiriad y wlad, y lle dwi fod i berthyn iddo fo. Ond dwi'n teimlo Recsam yn fy nhynnu i am yn ôl er gwaetha llymder Coedpoeth a rhegi Plas Madog.

Fama sy'n teimlo'n saff i mi. Yr *urban* heb gerdd dant nac Ysgol Sul na dillad gore. Mae yna rywbeth am blant yn hel ar gorneli ffordd, yn sefyll ar ben ceir ac yn gweiddi'n wyllt, yn mynnu cael eu clywed a'u gweld ac yn gwrthod bod yn 'blant da' yn codi 'nghalon i. Dwi'n deall yr egni sy'n berwi ynddyn nhw. Allan nhw ddim llonyddu i blesio, mond symud eu cyrff i ffeindio rhythm bod yn fyw.

Mae hi'n dechrau nosi ac wrth wasgu fy nhrwyn ar ffenest y car, dwi'n cael cip ar 'stafelloedd byw brown ac oren a merched mewn ffedogau o'u pengliniau at eu canol yn cyhoeddi mai Smash a Findus Pancakes sydd i swper. Mae'r blodau ar ymylon lawntydd hefyd yn oren a Bizzy Lizzies o bobl yn sibrwd heibio'u dwylo am wragedd sydd yn llacio eu safonau. Dwi'n tynnu tafod ar eu crychu trwyn nhw ac yn blasu straeon y papur newydd fu'n llnau ffenestri'r car.

Mae'r pentref a'r bobl yn pylu'n gynffon tu ôl i'r car a'r nos yn prysur gyrraedd heb fachlud. Dwi'n gwybod fod yna beryg a dwi'n ceisio angori fy hun wrth y goleuadau lamp oren ond mae'r car yn saethu am y gyffordd i'r chwith.

Mae'r coed ar ymyl y ffordd yn bygwth fel cychwyn ffilm ddychrynllyd. Mae'r pinwydd tal, yn perthyn i'r bedair coeden fytholwyrdd sydd o dan fferm fy nain a 'nhaid, yn gweld popeth, yn gwybod, yn tystio.

Mae'r oerfel sydd yn sêt gefn y Morris yn gwasgu o 'nghwmpas ac mae Mam a Dad yn mynd yn bellach oddi wrtha'i yn y seti ffrynt wrth sôn am bethau 'peryg' sydd rhaid eu sibrwd. Dwi'n penderfynu gorwedd yn fflat, cau fy llygaid a bodio'r patrwm tyllog yn y sêt ledr cogio ond mae'r plastig golau yn codi cyfog.

Pan dwi'n codi 'mhen dwi'n eu gweld nhw'n ysgwyd yn y gwyll; fy mhlu'r gweunydd. Maen nhw'n arallfydol o hardd. Mae'r car yn llonyddu wrth wibio ar y 'stretch dda'. Dwi'n agor clip y ffenest ac yn gwasgu fy uchelgais o uno efo'r gors.

Dydw i ddim yn clywed, 'Cau ffenest! Ma'r sŵn yn jario yn y tu blaen 'ma!'

Allan â fi drwy hafn ffenest fy nychymyg. Y car yn diflannu ym myd oedolion Mam a Dad.

Dwi'n hedfan heb boeni sut. Mae fy nwylo yn fy nhywys i dros y meddalwch llwyd las: y gors. Does yna ddim byd wedi 'mharatoi ar gyfer y tynerwch yma. Mae hi'n olau dydd cynnes rŵan. Dwi'n cyffwrdd y plu'r gweunydd perffaith yn nawns gyfrin y tir ac yn dal i symud. Does yna ddim pobl, dim ond planhigion yn plygu a gwyro i drefn y ddaear.

Dwi'n clywed y gwair yn gwagu cyfrolau o gyngor. Ddim yn eiriau na chân ond grŵn sydd yn rhan ohona i. Mae yna olau yn torri trwy'r cwmwl, yn frwynen berffaith i fy ngoleuo.

Ac mae yna chwerthin yn codi ohona i. Mae yna bobl mewn ffrogiau hir wedi ymuno a gwalltiau gwynion sy'n chwifio heb blygu'r un blewyn o'i le ganddyn nhw. Dydyn nhw ddim yn cynnig dim i mi, dim ond bodoli yn yr un gofod, yn symud efo pwrpas fel Florence and the Machine yn dawnsio a symud yn ei gigs.

Ac mae yna ddynes yn gafael yn fy llaw, yn ystumio i mi lanio yn ofalus ar lain maes awyr y mawn. Mae hi mewn ffrog sidan binc at ei thraed. Mae hi'n rhedeg a dawnsio am yn ail, yn ysgwyd ei gwallt cyn oedi a syrthio ar ei hwyneb yn fodlon i'r ddaear. Mae'n codi'n ôl ar ei thraed ac yn symud gyda dawnswyr benywaidd eraill sydd â phridd yn eu dwylo at raeadr sydd wedi ymddangos mwya sydyn.

Does yna ddim gwylltio, na chywilydd, na Saesneg yn elyn; y poenau bob dydd sydd yn britho fy mhlentyndod. Dim ond symud cyrff yn gymundeb, yn moli'r ddaear.

***

Dwi'n ôl yn y car ac mae yna waedd. Dydw i ddim yn gwybod pwy sy'n gweiddi nes i mi roi llaw dros fy ngheg ac mae'r sŵn yn mygu.

Mae'r car yn taro ffens fetel y tŷ ar y gornel. Dwi'n cael fy nhaflu trwy'r ffenest ffrynt a Mam a Dad yn estyn eu breichiau tu ôl i mi. Maen nhw wedi'u dal yn sownd yn eu lle efo'u 'seatbelts clunk click every trip' Jimmy Savile.

Dwi'n dal i rowlio ar y buarth, yn glanio o flaen y drws ffrynt ond does yna neb yn dod i agor y drws.

Mae yna gi defaid ar tsiaen yn cyfarth ond yn methu fy nghyrraedd. Mae yna dylluan wen yn gwylio o glydwch y sgubor. Mi alla i godi yn ddianaf a dringo'r ysgol bren yn y sgubor i eistedd ar ymyl llwyfan o wair melyn garw. Mae'r dylluan yn troi i edrych ar fy nhraed ac yn tynnu'r esgidiau trymion yn rhydd. Mae hi'n codi uwchlaw y ffermdy ac yn gollwng y ddwy esgid o flaen cwt sinc y ci.

Mae'r ci'n eu llyfu nhw'n lân ac yn sgwrsio efo'r dylluan am ryfeddod pobol.

Dwi'n cysgu mewn meddalwch cors o blu'r gweunydd sydd yn tynnu ar wirionedd a chariad y ddaear. Does yna ddim brys 'Fyddwn ni'n hwyr os na hastiwn ni' na 'Watsia!' a dwi ddim angen unrhyw sicrwydd. Does yna ddim môr o gwestiynau am 'Faint o gloch?' a 'Pwy sy'n dod?' a 'Be fydd yna i fyta?'

★★★

Dwi'n cysuro fy hun mai dim ond stori ydi hi, fod dim angen cynhyrfu. Ond mae llais Mam yn cychwyn 'Ar y gornel yn fama...'

Mae stori tolcio'r ffens fetel yn cychwyn. Stori damwain Nain a Taid yn mentro i Recsam am swper ar noson oer. Ai fi oedd ar fai am iddyn nhw ddod, neu Recsam neu'r gornel neu'r ffens? Y car yn llithro ar rew a Taid yn gorfod rhoi pres i drwsio'r ffens er mai aros yn siâp y car wnaeth hi – mi afaelodd y ffens yn y car mewn coflaid o dderbyn bywyd fel y mae o.

Er 'mod i'n gwybod beth fydd pob cam o'r stori, mae lliwio lleisiol Mam yn fy hudo i. Mae elfen newydd yn cael ei chyflwyno bob tro a thrywydd rhyw stori arall yn cael ei phlethu i'w chanol hi.

★★★

A dwi'n penderfynu na fuodd yna erioed ddamwain nac ofn, dim ond teithio rhwng harddwch a doethineb y ddaear sydd yn ein dal heb ddrwgdeimlad. Y gweundir oedd ddim yn llwm ond yn llawn daioni.

Dwi'n deall mai gweundiroedd oedd tirluniau fy mhlentyndod ar y Berwyn a Hiraethog. Lle'r oedd *UFOs* wedi cyfathrebu efo fy modryb a dychryn wedi treiddio i fy esgyrn yn gymysg â phleser yn blentyn. Ond pobl oedd wedi cario clecs o godi ofn.

Heddiw dwi'n llenwi tirluniau y corstiroedd a'r rhosydd efo lliwiau llachar Mary Lloyd Jones. Yn plymio i mewn i'w cyfoeth nhw – y glesni, y porffor a'r aur. Roedden nhw wedi sgwrsio heb ddychryn efo fi yn fy mhlentyndod. Roedd eu deallusrwydd nhw'n datod wrth i mi fodio eu cyfrinachau garw mewn rhedyn a phigau eithin llachar oedd ddim am dynnu gwaed.

Dwi'n sylweddoli mai ar weundir yn Waunfawr dwi wedi byw am gyfnod hiraf fy mywyd. Mi fu rhaid i mi adael ond mi ddaeth y gwlypdir efo fi yn frwyn fel blew gwyn fy ngwallt.

★★★

Dwi'n perthyn i'r ddaear, i sensitifrwydd corsydd a mawn. Maen nhw'n cofio, yn cynnal yr atgofion a'u trysori, nid eu difa. Mae yna dynerwch i'w hunan-reoli gofalus – y lleddfu heb ddiflannu alcoholig, yn gadael i bethau setlo dros ganrifoedd, nid eu hwfftio a'u difrodi efo ocsigen cras beirniadaeth.

Dwi'n cofio'r straeon am ffeindio cyrff o gyfnod y Celtiaid mewn corsydd, wedi eu cadw am ganrifoedd yn tystio i aberth, i greulondeb y cymunedau a'r mawn yn codi ysgwyddau i 'felly oedd hi bryd hynny'. Dwi'n teimlo'r mawn yn maddau i bawb.

★★★

Ar Google Earth, dwi'n dilyn yr un daith am Landegla. Ar y siwrnai ddigidol, mae yna fwy o atgofion yn codi am Blas Madog a hogiau yn dal fy mhen dan y dŵr, tŷ gwydr pren a'i domatos melys yn Rhiwabon, carafáns Teithwyr yn hel wrth y ffordd ddeuol a bwth ffonio coch a'i ddrws trwm yn llyncu dwygeiniogau.

★★★

Dwi am yn hir yn ffeindio'r gornel, yn chwil wrth glicio ar y saethau gwyn. Mae'r sgrin yn neidio, yn baglu ar bob cam o'r daith. Dwi'n anobeithio ac yn dechrau gwylltio efo fi'n hun am fod eisiau ffeindio tystiolaeth. Pam na alla i fodloni ar chwarae efo atgofion? Eu gwthio nhw yn wlân o bellen fy mhlentyndod trwy weill y cofio. Dwi'n ailadrodd y mantra fod creadigrwydd yn fy nghynnal, yn ffon fugail a'i bod hi'n iawn asio corn maharen a phren o wrych yn glust i glywed mwy o'r ddaear.

Mae'r gornel yn dod i'r golwg. Dwi'n ffeindio'r ffens ac mae hi'n dal wedi plygu dros hanner can mlynedd wedi'r ddamwain. Dwi'n gwenu mewn rhyddhad bod fy nghofio i'n gywir.

Stori wahanol sydd gen i'w hadrodd wrth deithio am Landegla yn fy nychymyg. Stori o dderbyn pethau yn union fel maen nhw.

tynnu ar lastig syniadau

Catrin o Ferain

Dwi'n fy arddegau yn mynd am bicnic wedi'i drefnu gan griw ifanc o athrawon sy'n dysgu efo Mam. Ddim yr athrawon sy'n siarad yn wirion pan dwi'n dod i'r 'stafell athrawon i aros am Mam ond y rhai sy'n cŵl. Y rhai sydd efo gwallt hir cyrliog, dillad brown ac oren llachar. Mae yna un efo gwallt melyn tanbaid. Gwallt fel Eira Wen a Marilyn Monroe ond yn syth a hir ac yn rhyddhau gwreichion wrth iddi wenu.

Dwi wedi bod yng nghartrefi rhai ohonyn nhw a rhyfeddu at soffas coch melfaréd heb freichiau wedi'u siapio fel to sinc a charped blewog hir a gwyn. Mae ganddyn nhw gwshins mawr, sgarffiau ar ben lampau a cherddi wedi'u rhwygo a'u sticio efo *blutac* ar y waliau heb boeni am adael marciau seimllyd glas. Mae ganddyn nhw farn bendant ar bopeth: maen nhw'n chwerthin yn gyson ac yn uchel ac maen nhw'n *ferched*.

Trip i ymweld â mannau arwyddocaol yn hanes Catrin o Ferain ydi o, efo salads heb gig o lyfr Cranks i dorri ar y siwrnai. Mae'u gwŷr a'u cariadon nhw'n dod hefyd ond does yna ddim yr un sbarc yn perthyn iddyn nhw. Mae'u gwalltiau nhwythau'n hir ond mae yna dinc o chwerwder, nid cynnwrf, yn eu lleisiau nhw. Alla i'm peidio sylwi ar y tristwch sydd yng nghorneli eu llygaid nhw wrth iddyn nhw fachu ar eiriau y merched a chael eu taflu o'r neilltu am gamddehongli neu gamddeall neu am fod yn wrth-ffeministaidd.

Dwi wedi sylwi ar y llyfr adre yn stydi Mam. Nid Cranks, ond llyfr Catrin o Ferain. Dydw i ddim wedi penderfynu troi'n llysfwyteuwraig eto dan ddylanwad y 'gwrachod' fel glywes i athrawon yn sibrwd am ffrindiau gloyw Mam. Dydyn nhw ddim yn dallt y byddai'r label yn ennyn balchder yn y merched a bod y sibrwd yn wastraff egni llwyr.

Dwi'n dal i fwynhau porc a *cider sauce*, gamon efo pinafal tun a stêc efo *peppercones* cyfan yn y Steak House ar achlysuron arbennig ar Ffordd Dinbech. Fydd hi ddim yn hir cyn i frawd hynaf fy ffrind fy nychryn yn llwyr drwy sôn am dyllau yn haen yr *ozone* a chwalu fy hoffter o Impulse a *hairspray* a fy argyhoeddi fod rhaid rhoi gorau i fwyta cig er mwyn amaethu bwyd yn gynaliadwy. 'Cranc' oedd y brawd yma'n cael ei alw gan bobl oedd ddim am 'agor eu meddwl' ac roedd o 'run mor amlwg yn llygaid fy nheulu wrth iddyn nhw ddeall na fyddwn i yn bwyta hyd yn oed bacwn na chyw iâr efo'r 'lol vegetarian'.

Mi oedd trip Catrin o Ferain wedi creu cynnwrf ynof i ers wythnosau. Y cwmni'n fwy na'r lleoliadau oedd yn apelio. Beth oedd cyfenw go iawn Catrin? Pam oedd raid iddi gael tŷ i'w diffinio? Mae adnabod pobl wrth enw eu cartrefi yn fy nghythruddo i. Dydw i erioed wedi'i brofi o fy hun gan mai rhifau ar dai mewn stadau dwi wedi byw ynddyn nhw a'r rheiny wedi newid yn gyson. Mae 'na lawer wedi awgrymu y gallwn i berchnogi enw fferm fy nhaid a nain fel fy nghartref heb sylweddoli pa mor ddiarth oeddwn i'n teimlo yn y filltir sgwâr honno.

Pam y cythruddo? Pam y drwgdeimlad at enwau tai yn gynffon i enwau pobol? Ai ddim cenfigen oedd o at bobol oedd yn teimlo'n saff, yn perthyn i'r tir? Ai dyma o'n i'n grefu amdano fo fwy na dim?

Dwi'n troi at Catrin am ateb ond mae hi'n edrych trwydda i, y tu hwnt i saf bwyntiau mor fân. Ond alla i ddim peidio â chael fy hoelio gan Catrin. Fel hyn mae hi bob tro fydda i'n mentro i stydi Mam. Cwpwrdd i gadw cotiau ydi o go iawn ond gan fod yna jest digon o le i ddesg a chadair a rheseidiau o silffoedd llyfrau, mae o'n cael ei alw'n stydi. Does yna ddim ffenest ac mae'r cotiau yn pwyso i fusnesu ar gynnwys y ddesg. Mae'n rhaid i mi dawelu fy anadl bob tro wrth gau'r drws achos mae'r cyfyngder yn codi ofn 'mod i'n mynd i fygu. Mae'r tawelwch yn y stydi yn dileu bodolaeth gweddill y tŷ. Mae amser yn arafu a thawelu fy meddwl prysur. Mae bob dim yn gollwng ac yn agor lle i ystyried pethau mawr sydd ddim hyd yn oed yn gorfod bod mewn cynghanedd na cherddi.

Dwi'n cael syniad mai golau cannwyll yn hytrach na bylb noeth fyddai'n gam naturiol i ddwysáu awyrgylch y 'stafell / cwpwrdd. Dwi'n gwybod fod yna ganhwyllau gwyn mewn bocs dan y sinc a fod yna ganhwyllbren seramig ar silff y llofft sbâr. Dwi'n cynllwynio ffordd o wireddu'r syniad yna cyn cael fy hudo gan lawysgrifen Mam.

Dwi'n dotio at nodiadau Mam. Y defnydd o liwiau i amlygu arddulliau, themâu a nodiadau cefndirol ar gerddi. Dwi'n dilyn y siapiau efo 'mys, yn adleisio'r llafur cariad. Pan fo'r dudalen yn rhy lawn i gynnwys ehangder y wybodaeth, mae yna dameidiau papur ychwanegol yn cael eu gosod fel estyniadau. Maen nhw'n cael eu plygu fel breichiau am gorff y gwaith i sicrhau manylder, i ddangos ei bod hi'n wir haeddu ei lle ymysg myfyrwyr cyntaf y Radd Allanol yn Aberystwyth.

Mae apêl y gannwyll yn pylu neu'n bodloni ar gael ei storio fel syniad at gyfle arall. Dwi'n bodio clawr llyfr Catrin ond mae yna blastig yn ei ddal yn styfnig yn ei le. Mae yna rywbeth am ddiffyg aeliau Catrin a'r tsiaen am ei chanol hi'n dweud wrtha i nad oedd yna'r un dyn yn cael tarfu ar ei dyheadau hithau chwaith. Mae'r llaw ar y benglog yn rhybuddio ei bod hi'n deall goblygiadau ei gweithredoedd a'r llyfr yn ei llaw yn dangos ei bod hi'n cadw tabs ar bawb. Mae hi'n fy herio i agor y llyfr i ddeall mwy ond dwi'n aros am y cyfle i ymgolli yn llwyr, i ymroi fy hun yn iawn i Catrin efo caniatâd Mam.

Mae Mam yn gwneud ymdrech arbennig wrth baratoi'r picnic, yn dod â phwdin *Christmas log* efo *chocolate chip cookies* wedi'u socian y noson gynt mewn sheri a'i orchuddio mewn hufen dwbl, er ei bod hi'n ganol haf, ac yn coginio *vol-au-vents* sy'n llawn trafferth a gwynt. Mae gynnon ni *cool box* coch llachar a phaciau rhew fyddai'n gweddu ar gyfer y gofod i'w cadw'n ddiogel o oer. Mae'r llestri campio plastig glas yn cael eu pacio a'r cwpanau sy'n ffitio o fewn mygs i gymryd llai o le. Mae Dad yn cynnig pacio'r bwrdd a'r dair cadair ond mae Mam yn bendant mai picnic 'iste ar lawr' fydd hwn. Dwi'n gwybod yn well na holi Mam am gael dod â'r ddau gwshin oddi ar y soffa efo ni. Dwi'n ystyried pacio'r gwely gwynt oren oedd yn arfer teithio yn lori fy ewyrth efo fi ond yn gwybod ei fod yn rhy heglog i mi ei guddio.

Dwi'n dewis gwisgo trowsus llwyd golau *harem* sydd yn cynnwys plygiadau o ddefnydd ychwanegol. Mae'r plygiadau yn bochio am allan wrth i mi eistedd ac mae yna waith eu hannog nhw yn ôl i'w lle wedi i mi godi. Mae gen i *sweatshirt batwing* o un o stondinau marchnad dydd Mercher yr Wyddgrug. Mae hi'n fwstard, gwyn a phiws a byddai aros i weld cynigion y stondin well ar ddydd Sadwrn wedi bod yn ddoethach.

Dwi wedi rhoi *gel* yn fy ngwallt sy'n ymgais i drio cyfuno elfennau o steiliau yr wythdegau gan ferch sydd am wneud *fashion statement* trawiadol ond ar yr un pryd ddim isio i neb edrych arni. Mi fydda i'n cychwyn patrwm o gochi yn y cyfnod hwn ar yr awgrym lleiaf fod rhywun yn cymryd sylw ohona i. Er gwaethaf hynny, dwi'n dal i fynnu gwisgo dillad *gwahanol*, i gael fy hudo gan batrwm anghyffredin, i ddotio at hen ddillad jymbl sêl y Capel ac i geisio darganfod rhyw lun o beth bynnag ydi steil. Mae'r cochi yn parhau at ganol fy mhedwardegau pan mae'n rhaid i mi ddewis rhwng cadw fy hun yn fyw neu barhau i ddianc a rhewi'r byd trwy alcohol.

Mae dillad y merched yn llachar, llawn gwead ac yn gweddu efo'i gilydd yn berffaith. Dwi'n ceisio crynhoi y cyfuniadau ar fy nghof heb gael fy nal yn syllu. Maen nhw'n diosg eu sgidiau wrth i ni bwyllo dros ddiod neu hanesyn am Catrin. Yn eu taflu nhw efo'u traed heb agor y crïau na'r byclau a dwi'n penderfynu mabwysiadu'r arfer yn syth. Clogs o Lydaw sydd gen i am fy nhraed ac mae'r llacio heb ddefnyddio fy nwylo yn gyrru un am foch un o'r cariadon a'i gleisio. Mae hyd yn oed Mam yn

chwerthin a dwi'n codi'n chwithig i'w chadw'n saff wrth
fy ymyl.

Mae un o'r merched yn dechrau cerdded yn droednoeth
wrth i ni ailafael yn y daith. Dwi'n edrych ar Mam yn disgwyl
am rybudd peryglon 'splinters, budreddi tail gwartheg
a phigiad gwenyn' ond yn ei gwylio yn cnoi'r geiriau yn
dawel heb yngan smic.

Mae yna ddadlau, herio a chwerthin yn fwrlwm trwy'r
diwrnod ac mi ydw i'n cyffroi efo'r syniadau anghyfarwydd.
Mae yna gwestiynu beth sydd yn dderbyniol i ferched eu
hysgwyddo fel cyfrifoldebau yn y gwaith ac yn y cartref ac
mae 'rôl Y Fam' yn gocyn hitio. Mae'r merched hyn i gyd
yn ddi-blant a dydi Mam ddim yn cyfrannu at y sgyrsiau
penodol yma. Mae hi'n gwneud sylw mewn llais tawel,
wedi i bawb ei hannog i leisio ei barn, mai merched fydd
wastad yn gorfod cario'r baich mwyaf. Dwi'n synhwyro'r
difrifoli a does yna ddim pryfetach na llif dŵr i dorri ar y
llonyddwch anghyfforddus. Mae un o'r merched yn rhoi
llaw ar ysgwydd Mam yn dyner ac yn annog 'chwyldro' a
mi yden ni'n ôl yn tynnu ar lastig syniadau.

Mae'r merched yma'n gwbl gyfforddus yn cyffwrdd ei
gilydd wrth sgwrsio, yn cofleidio'n gyson fel atalnod llawn
ar un sgwrs cyn canlyn sgwarnog sgwrs newydd. Dydyn
nhw ddim yn gofalu cadw eu coesau ar gau wrth eistedd
nac yn poeni bod eu blowsys yn agor yn isel. Maen nhw'n
ymestyn eu cyrff am allan, yn gorweddian ar eu boliau ac yn
pwyso eu pennau ar benelin i ystyried syniadau mawr. Mae
eu sgidiau nhw'n flerach na rhai Mam, yn fwy chwareus ac
mae ganddyn nhw i gyd dyllau yn eu clustiau.

Mae Mam yn fy rhybuddio i stopio 'yn syth' wrth i mi ddechrau dynwared tôn llais un o'r merched. Dwi'n mwynhau'r arbrofi efo fy mynegiant ac mae yna geg yn tynnu gwên ar i lawr i fy sobri. Dwi'n cael rhybudd hefyd i beidio gwneud yr un ystumiau dramatig wrth ddisgrifio'r hwmws ond mae eu hegni nhw'n heintus – yn alwad i mi fod yn fwy mentrus a chwareus. Mae un ohonyn nhw'n sylwi ar gerydd Mam ac yn fy ngalw i'n 'siarp' a hwnnw ydi'r bys sy'n rhyddhau'r glicied i chwarae efo pwy ydw i.

Dwi'n cael cip ar blasty swmpus ac mae ofn yn codi nad yden ni i fod yno. Ofn sy'n dod o Taid yn cyffwrdd ei gap wrth agor giât o flaen y *lodge* i'r 'mistar'. Ofn o ddychmygu yn rhy fawr, o feddwl fod yna hawl i fynd i goleg a phrifysgol a chael cyflog 'da' trwy gadw at reolau.

Ond mae'r plasty yn hardd ac mae ei bensaernïaeth yn fy sadio i. Mae yna gadarnrwydd heb fod yn rhy ffroenuchel yn y cerrig llwydion a'r ffenestri bychain sydd heb dyfu'n llawn i faint y tŷ. Mae un o'r dynion yn cyfeirio at berthnasedd hanesyddol y crandrwydd i Catrin. Dwi'n pwytho trwy embroidri'r sgwrs yn flêr, yn colli siâp y patrwm.

Dwi'n bachu fy ffordd yn ôl at y sgwrs ac yn dal y sôn am wŷr yn marw a'r cyhuddo dichellgar mai Catrin sy'n eu gwenwyno. Dwi'n achub ei cham yn syth ac mae'r dynion yn chwerthin. Dwi ddim isio sarnu dim ar y ddynes sy'n tyfu yn fy nychymyg, yn tasgu a neidio mewn fflamau fel Joan of Arc wrth i ni fynd ar wyliau yn y Dordogne.

Mae'r dynion yn cael ffrae frwnt am fygwth chwilfrydedd a huodledd merch sydd yn ceisio bodio siapiau yn nhywyllwch ei hymwybyddiaeth ifanc. Maen nhw'n athrawon iaith, yn dadlau dros ddilysrwydd y dychymyg yn hytrach na ffeithiau. Yn cyhuddo'r dehongliadau hanesyddol o ffafrio masnach wrywaidd yn economi gwerthoedd cymdeithas. Maen nhw'n cwestiynu pam mai eithriad yw'r merched amlwg mewn hanes. Pam nad ydi straeon y merched wedi cael hawlio eu lle yng nghwricwlwm yr ysgolion a mwya cywilydd i mi fy hun dwi'n dechrau bradychu'r dadlau yn fy mhen. Dwi isio iddyn nhw dewi. Does ddim rhaid ymateb i bob galwad i ryfel dros hawliau merched yn barhaus. Neu ydi hyn yn ddyletswydd, yn gyfrifoldeb y bydda i'n gorfod ei ysgwyddo fel gyda'r frwydr i 'achub yr iaith Gymraeg' ar draul unrhyw ystyriaeth arall? Mynd i bob digwyddiad yn Wyddgrug sydd yn y Gymraeg os ydi o ddiddordeb neu beidio achos y rheidrwydd i fod ar ofyn yr iaith, yn forwynion a gweision ufudd a thaeog.

Mi ydw i a phob un o'r merched ar y picnic yn gwybod mai gennon ni mae'r pŵer a'r dychymyg go iawn a dwi'n amau y byddai'r dynion yn fodlon cydnabod hynny'n syth hefyd.

Cerddwn ymlaen at ogof a rhaeadr ac mae yna flinder braf yn codi ynof i. Dwi wedi fy hudo gan Catrin, yn gwybod y bydda i'n bachu'r llyfr o'r stydi hyd yn oed os ga'i rybudd i beidio. Dwi ar dân i ganfod ei phŵer hudolus dros ddynion, cymdeithas a chyfoeth rhyngwladol. Dwi isio deall ei gafael ar ddychymyg ei gweision a'i chariadon a'i chynlluniau i ehangu'n barhaus.

A wedyn dwi'n sylwi ar y gwaed ar fy nhrowsus ac mae fy myd i'n lleihau yng nghrafangau cywilyddio merch. Dwi'n gwylltio'n fewnol yn ffieiddio at fy niffyg sylwgarwch. Dydw i mond wedi dechrau gwaedu ers rhai misoedd ond mae yna flerwch wedi bod yn perthyn i bob un achlysur. Y tampon mae Mam wedi annog i mi ei ddefnyddio, heb gyrraedd ei le yn iawn fel bod yna wayw yn codi pob tro wrth i mi eistedd, pad yn tynnu sylw trwy drowsus gwyn wrth gerdded o gwmpas dre ar benwythnos a chriw hogiau yn gwneud sylw brwnt a gwaed yn diferu wrth i mi godi o'r pwll nofio a cherdded am filltiroedd cywilyddio di-ben-draw i gyrraedd diogelwch pwll *chlorine* y 'stafell newid.

Mae Mam yn poeri ar hances ac mae'r marc yn codi rhywfaint ac mae un o'r lleill yn pasio cardigan i mi glymu am fy nghanol. Tydw i ddim yn mynnu cael dychwelyd adre ar fy union ond yn eistedd ar lawr a chodi defnyn caled o welltyn i'w sugno yn fy nannedd. Mae yna newid ynof i ers bod ym mhresenoldeb y merched yma. Dwi'n gweld fod gen i hawl i ddychmygu mwy, i freuddwydio, i fod ag uchelgais am weld byd ehangach i'r du a gwyn amlwg.

A wedyn mae hi'n troi'n ffrae hyll am rywbeth nad ydw i'n ddeall a dwi isio mynd adre go iawn. Mae gwddw Mam yn cochi efo'r *nervous rash* a mwya sydyn mae hi'n cofio am y pwdin. Mae'r ffraeo yn meirioli wrth i Mam ei godi'n fuddugoliaethus o'r *cool box* coch a thrwy rhyw ryfeddod, tydi o ddim 'di suro. Er mor finiog ydi'r sieri mae'r hufen yn ei dawelu a mae yna lonyddwch ynof i. Mae pawb yn gorweddian yn fodlon ac oes yna bresenoldeb mwy wedi ymyrryd?

Dwi'n amau 'mod i'n clywed tsiaen yn ysgwyd a gweld talcen uchel yn crychu ond dewis gwenu mae hi – ymhyfrydu bod ei hangerdd hi yn fyw mewn criw o ffrindiau sy'n ferched ifanc. Dwi'n siŵr ein bod ni i gyd yn pendwmpian, wedi ein hypnoteiddio gan felyster bywyd.

Mae hwn yn ddiwrnod i'w gofio, yn gyflwyniad i fyw'n wahanol. Dwi'n synhwyro fy malchder yng Nghlwyd trwy Catrin yn chwyddo'n fwy nag erioed. Dwi ddim am arddel ei label o *Fam Cymru*. Mae hi'n ddigon mond fel mae hi.

mae'r llw o gyfrinachedd rhwng
cwsmer a steilydd yn un sanctaidd

Lle gwallt

'Ti'n brysur?'

Finnau'n trio dehongli pa ateb sydd orau.

'Ti'n dal wrthi'n sgwennu?'

Mae yna bwl o euogrwydd nad oes gen i ddim byd newydd i sôn amdano fo ers y toriad dwytha. Dydw i ddim am fentro sôn am hon, y gyfrol, rhag ofn i mi ei jincsio hi. Felly dwi'n rhoi rhyw ddarlun cyffredinol o'r sefyllfa waith efo

'Dwi'n lwcus iawn ar hyn o bryd, rhwng bob dim.'

Mae fama'n le dwi'n edrych mlaen ato. Yn ysu am gyrraedd ac yn mwynhau'r siwrnai i Gricieth waeth beth fo'r tywydd. Dwi'n cofio cael syniad yn fy mhen, ryw dro, mai ymddeol i fama fyddai'r freuddwyd. Mae yna rywbeth am y lle, y tai crand, yr allt yn tywallt am y ffyrdd culion a'r castell yn cadw trefn.

A'r môr. Y ddau draeth fel dwy lygad yn effro i beth sydd ar y gorwel. Mae Cricieth yn dre sy'n barod am beth bynnag ddaw – yn law neu hindda.

Mae'r môr yn gloywi ar bob ymweliad. Yn hudo'r haul i'w ddangos ar ei orau.

Mi oedd yna ddwy ffrind wedi argymell y salon ers tro. Ffrindiau efo graen yn perthyn i'w dillad a'u gwalltiau. A ches i ddim fy siomi ar unrhyw ymweliad. Mi ges i fy nerbyn yn gynnes i gymuned y lle gwallt o'r tro cyntaf un.

'Gin ti ffrog ddel. Ma hi'n siwtio chdi.'

A finnau'n gafael am fy mol isio dangos y bloneg i dynnu tsiaen ar y geiriau clên. Mae llais y ddwy berchnoges yn fy rhoi mewn trans mond i mi gamu dros riniog y siop wallt. Maen nhw'n gyrru pigau bach o fwynhau bod yn fyw i fodiau fy nhraed. Mae'r ddwy 'run oed â fi ond dydw i ddim yn dod yn agos i'w steil nhw. Maen nhw'n gyfforddus yn eu crwyn eu hunain, yn gwisgo heb fod yn rhy *ifanc* ond eto'n torri'u cwys eu hunain i fod yn ffynci a hynny heb fynd dros ben llestri. Dydyn nhw ddim wedi colli eu hunaniaeth trwy ridyll menopos. Maen nhw'n drwsiadus, yn hardd, yn hyderus, yn ymgorffori merched ar eu gorau.

''Da ni'n rhoi toner heddiw?'

Mae'r cwestiwn yn 'y nghynnwys i yn y broses o drin y gwallt. Mae'n teimlo fel gwahoddiad i greu ar y cyd, nid i fod yn ferch sy'n gadael i'r byd ei mowldio hi. Does yna ddim caniatâd i fod yn *victim* yn fama. Hwn ydi'r lle i fagu nerth y 'be alla i greu drosta fi'n hun'. Mae'r drychau yn bownsio syniadau, yn gyrru negeseuon o goelio mewn posibiliadau o weddnewid er gwell.

'Ma'r lliw 'di dal yn dda a mi oedda chdi'n iawn i fynd am fringe. Wel dyn boi!'

Ai fi sy'n twyllo fy hun fod yna gariad yn y geiriau? Dydw i ddim yn teimlo ffalsrwydd, ddim y blewyn lleiaf un, a dwi'n cymryd cip ar y cwsmeriaid eraill sydd wedi ymlacio yn eu seddau. Na, mae yna haelioni o waelod calon yma i bawb.

'Coffi gwan ti'n licio, de?'

Dwi'n cael fy ngadael fel babi sy'n dechrau mentro i fwyd

llwy yn fy nghlogyn du. Mae'r salon yn llawn a phawb o'r staff yn ddygn wrth eu gwaith. Mae yna ffôn yn canu wrth y ddesg hanner crwn a symudiad gweithwraig i'w ateb yn gyrru awel trwy glogynnau pawb. Mae yna basio egni yn barhaus i adfywio'r cwsmeriaid. Mae hi'n ferw o bobl yn taro heibio i ddeud helô, i holi

'Sgynnoch chi'm apwyntiad yn digwydd bod 'di dod yn rhydd?'

Does yna ddim amharch fel

'Ma hi fatha ffair! Sgynnon ni'm amser i ga'l yn cinio! Sbiwch llawn 'di hi! 'Dach chi'n ddall?'

Dim ond

'Mi sbia i ar y compiwtar rhag ofn.'

'Gen i angladd isio mynd iddo fo ddiwedd wsnos a mae o 'di tyfu'n flêr yn cefn.'

Ac wrth glicio'r cyfrifiadur mae yna gymryd asesiad sydyn trwy iaith y drychau a dwi'n gweld un o'r staff yn codi llaw i nodi tri bys, un arall dwy ac un yn codi bawd.

'Steddwch am funud bach. Mi nown ni'ch sortio chi o fewn dim.'

'Ew 'dach chi'n dda efo fi. Ro'i rwbath bach ecstra yn y bocs tips.'

'Sdim isio siŵr. Gymwch chi banad tra 'dach chi'n aros?'

Mae'r drychau'n trosi'r codi ael a gwyro'r pen yn de efo dau siwgr a'r bys bach yn nodi 'mewn cwpan a soser'.

★★★

Mewn salon fyny grisiau yn Wyddgrug fy arddegau roedd rhaid disgwyl i gael sylw staff heb feiddio tarfu. Roedd y ffenestri yn ddrychau am y tu allan i warchod preifatrwydd y cwsmeriaid a chanopi yn plygu fel ambarél uwchben y drws.

Roedd yna soffa ledr isel i aros am wahoddiad i seddi'r drychau a dripian coffi ffiltyr yn cynnig ei rythm ei hun dros ganeuon gwael Marcher Sound. Mi oedd gwallt y dynion oedd berchen y salon a'r merched a weithiai yno yn fflics Lady Di golau a hir oedd ddim yn meiddio symud.

Roedd y drychau wedi'u mygu gan ddrwgdeimlad rhwng y staff yn lladd ar ei gilydd tu ôl i wenu ffals. Mi fyddai yna gilio parhaus i'r 'stafell gefn, mwg yn tywallt trwy gil y drws a merched yn dychwelyd efo masgara wedi rhedeg a bocs sigarét yn cael ei gadw wrth y til.

Mi oedd yna un ferch efo gwallt tywyll wedi'i dorri yn gynffonnau blin am ei hwyneb. Roedd hi'n eithriadol o hardd ac yn mwynhau troi am y drychau i edmygu ei wast main. Fyddai hi ddim yn golchi gwallt na sgubo'r blew, dim ond torri yn achlysurol. Dwi'n cofio sylwi ar y Dr Martens am ei thraed tra roedd y rhai eraill mewn sodlau meinion.

Doeddwn i ddim yn deall beth oedd hi yng ngwead myglyd y lle gwallt. Oedd hi'n ferch i un o'r dynion neu yn waeth, yn gariad? Pam ei bod hi'n cael llonydd i wneud fel y mynnai hi?

Dim ond heddiw dwi'n ystyried mai hi, efallai, oedd y perchennog.

Mi ddaeth hi ata i tra roeddwn i'n cael gwneud fy ngwallt gan ferch oedd yn amlwg â'i bryd hefyd ar sefyllian yn llonydd.

'Is this really what you want?'

Mi gymrodd y ferch efo'r siswrn gam yn ôl a dal yr hafnau ar agor yn barod i dorri'r cwestiynau yn gonffeti mân i'w codi efo'r gwallt.

'She brought a photo and this is what it looks like.'

'Show me.'

Wnaeth hi ddim troi at y ferch gwallt golau, dim ond hoelio fy llygaid i yn y drych. Mi godais i'r llun oedd wedi'i rwygo'n flêr o gylchgrawn dydd Sul.

'That's nice that but your hair's nothing like it.'

Roedd gafael y ferch yn tynhau am y siswrn ac roedd o'n closio at fy nghlust. Roeddwn i'n casáu fy nghlustiau am sticio allan fwy nag oedd yn dderbyniol ond doeddwn i ddim am iddyn nhw gael eu niweidio chwaith. Fy ngreddf orfododd fy llaw yn gwpan am fy nghlust. Roeddwn i'n sbio mewn i'r drych yn erfyn i un o'r dynion ddod i fy achub. Ond roeddwn i wedi dallt o fy ymweliad cyntaf nad oeddwn i'n deilwng o fwy o sylw nag oedd wirioneddol raid – dim ond cydnabyddiaeth wrth gyrraedd ac wrth ateb 'What's it going to be today?' a gwên ffals wrth i mi drosglwyddo'r pres.

Dwi'n cofio 'mod i wedi ystyried gweiddi a chychwyn trwy glirio 'ngwddw i fagu plwc. Roeddwn i'n cau fy llygaid yn barod i ollwng y waedd oedd wedi bod yn ysu i'w rhyddhau ei hun ers blynyddoedd. Teimlo bysedd yn cribo trwy ngwallt wnes i. Y ferch gwallt tywyll oedd yn gosod ei dwylo bob ochr i 'mhen yn tynnu'r blewiach am ymlaen.

Trwy ryw hud a lledrith, mi neidiodd clustiau'r siswrn am fysedd y ferch gwallt tywyll, yn awchu am gael ymarfer ei hyblygrwydd i'w eithaf. Symudodd y siswrn am i lawr i ddechrau, yn danheddu'r posibiliadau a chnoi fel tase ganddo archwaeth bwyd mwyaf erioed.

Roedd hi'n dal i gribo gyda'i llaw arall, yn tynnu nes bod dagrau yn hel yn fy llygaid. Hen ddagrau oedden nhw. Dagrau o orfod ateb yn Gymraeg i sgwrsio Saesneg cymheiriaid yn yr ysgol. Dagrau o gael fy nhrin yn wahanol achos 'mod i'n ferch i athrawes, yn gorfod gwisgo'r wisg ysgol gywir, yn poeni am gyrraedd yn ôl i'r ysgol cyn cloch diwedd cinio.

'Sit up, don't slouch.'

Ufuddhau wnes i ar fy union a sylwi ar y ferch oedd wedi cychwyn yr hercan yn *back combio* ei gwallt ei hun yn fawr wrth ddrych yng nghefn y salon i geisio adfer ei hyder. Hithau'n taflu ei phen am y llawr ac yn gwasgu'r *hairspray* amdano nes fod pawb yn tagu ac un o'r dynion yn cyfarth

'Get in the back, now.'

Finnau'n ofni mai fy mai i oedd y cyfan a wedyn yr hogan gwallt tywyll yn sibrwd dan ei gwynt

'Stupid cow... Her not you, you silly moo!'

Wrth i'r *layers* gael eu tynnu eto, mi sylwais i fod yna debygrwydd rhwng fy ngwallt i a steil y llun. Heb drio, roedd fy mhen yn troi fel y ferch yn edmygu ei wast.

'Even you fancy yourself now!'

Dyna pryd y daliodd hi y gwallt fel na allwn i ysgwyd i wrthod y gosodiad. Roedd 'y ngwallt i'n damp a'r blew rhydd yn cosi fy ngwegil. Roedd y sychwr gwallt yn ffyrnig ac yn taro'n frwnt yn erbyn fy mhen wrth iddi sbio o'i chwmpas. Ond allwn i ddim peidio edmygu'r trawsnewidiad. Y *layers* fel bysedd main yn closio am fy ngwyneb, fel tasen nhw'n awchu i ddal hances i chwythu 'nhrwyn i'n iawn.

'Aren't you going to thank me?'

Ro'n i'n dal i lowcio gwynt heb allu cael hyd i ddiolch mewn Saesneg chwithig. Pwysodd am fy nghlust

'She's a shite hairdresser. She's only here because she…'

Daeth un o'r dynion a gosod ei ddwy law ar fy ysgwyddau a brolio'r gwaith. Dwi'n cofio sylwi ar ei fysedd modrwyog yn llithro i lawr am fy mronnau fel oedd o'n ei wneud gyda phob cwsmer. Ond ar y diwrnod hwn, mi gododd fy llais i'n floedd dros y sychwyr gwallt cras,

'I'm going and I'm never coming back.'

'Not without paying you're not!'

Mi gamodd am yn ôl oddi wrtha i a chodais innau ar fy nhraed gan wneud yn siŵr na allai o osod blaen ei fys arna i.

Cliriodd y drych fel tarth o lyn ben bore a rhoddodd y ferch winc heb grychu dim ar ei hwyneb.

'She gave me the cash.'

Dwi'n cochi wrth gofio heddiw.

'How come I didn't spot it?'

'It's you're roving eye, you miss things.'

'Jealous you are that I don't fancy brunettes.'

Roedd fy nwylo i'n chwysu a'r 'stafell yn tywyllu wedi i mi godi'n rhy sydyn. Ond wnaeth y ferch ddim gwegian dim. Mi estynnodd am ei phoced pen ôl a thynnu swp o bapurau deg punt.

'That's enough for a perm too.'

'This place is a gold mine for you, slimy bastard.'

'Watch your lip and put the dosh in the till when you get her coat.'

Roedd o'n deall nad oedd yna 'run geiniog gen i yn mynd i'r til ond troi wnaeth o am y 'stafell gefn.

'Which one's your coat?'

'I haven't got one.'

Wnes i ddim mynd am y grisiau dim ond dal y pres oedd wedi ei wasgu'n fach i boced fy jîns allan o 'mlaen a'n llaw i'n gryndod pabi melyn.

'Will you take my money, please?'

'Go and buy a new top but not from the market and get some black eyeliner. And don't slouch… ever.'

★★★

Dwi'n cael llonydd wrth i 'ngwallt orffen syrthio i'w le. Mae'r ddewines tu ôl i mi yn gwybod 'mod i'n ymlacio mewn ffordd sy'n adnewyddu mwy nag 'y ngwedd allanol. Mae yna ysgafnder yn y symudiadau a wnaiff y sychwr ddim gorboethi na tholcio fy mhen.

Dwi'n clywed sgyrsiau yn gwehyddu trwy ei gilydd.

'Mae hi'n ôl ar y botel.'

'Be haru hi dwa? Methu peidio beryg.'

Mae'r sychwr yn cael ei ddal am allan wrth i'r sgwrs gael sylw ac mae'n rhaid i mi ddychmygu'r gweddill.

'Guddio fo ma hi ond ma pawb ohonan ni'n dallt y sgôr.'

'Dwi'm 'di clywad hogla arni'n fama, cofia.'

'Ma hi'n meddwl bo siop yn le sy'n cario clecs so feiddith hi'm yfed cyn dod yma.'

'Ma hi'n rong.'

'Wn i.'

''Di hi 'di syrthio wedyn?'

'Ma hi'n gleisia hyd 'i breichia a dwi'm 'di gweld hi mewn sgert ers blynyddoedd.'

'Ma hi'n ddynes dda cofia. Unig ydi hi ella… ddim bo fi'n gweld bai ar neb ohonach chi.'

'Lle ma hi'n cal y pres sy'n 'y mhoeni fi.'

'Os wela i hi'n stryd, gyniga iddi os ydi isio dod yma i ista'n ffenast a sbio trw fagysîns. Ella 'sa hi'n gallu helpu i neud panad?'

Rhywbeth felly dwi isio i gael ei gynnig. Dydi o'm ots beth oedd yr union eiriau achos dwi'n gwybod mai rhannu pwysau'r gofid sydd wedi bod. Rhoi wadin am strapiau bagiau plastig un tro bywyd. Y bagiau sy'n rhwygo ar ddim ac yn torri dwylo i'r byw wrth gario gormod.

Mae'r ddynes yn y clogyn yn estyn ei llaw am i fyny a'r *hairdryer* yn cael ei osod yn ei grud am ennyd. Mae yna gyswllt a deall rhwng y torrwr gwallt a'r cwsmer o'i blaen cyn i'r ddwy ysgwyd eu 'sgwyddau a pharhau efo ymgais pob merch i gynnal y byd o'u cwmpas.

Dwi'n deall y diogelwch ac yn troi fy nghadair i'w cyfeiriad nhw. Mae'r llw o gyfrinachedd rhwng cwsmer a steilydd yn un sanctaidd.

Dwi wedi rhannu pryderon heb swildod yma. Pethau mawr sydd â gormod o waith cnoi cyn cael eu llyncu. Ac mae'r siarad trwy'r drych yn rhoi amser i'r geiriau blygu fel y golau heb feirniadaeth. Dwi wedi cael sicrwydd na fydd yna fyth gario straeon a dwi'n coelio hynny. Dyna pam fod y siop yn orlawn a hithau'n gyfnod o gynni. Mae yna ferched yn teithio o bellteroedd byd i gael gwell gwrandawiad a hwb i'w hunan-werth nag a gawn nhw mewn llawer syrjeri neu waelod potel jin.

'Mae o'n selog, sdi.'

'Faint ydi o rŵan?'

'Naw mis, 'ngwas i.'

''Di o'n cropian?'

'Dydi o'n codi 'i hun i ddechra mynd fyny grisia!'

'Felly oedd 'i dad o i chdi de? Cofio chdi'n sôn fatha 'sa hi'n ddoe.'

Mae gan dorwyr gwallt gof; troli llawn drôrs o atgofion wedi'u labelu a'u storio, yn flith draphlith ond o fewn gafael yn syth.

'Raid chdi gael giât. Oedd 'na un o'r genod yn sôn bo gin i un yn mynd ar Marketplace, hei… '

A dyna un godwm arall wedi'i rhwystro.

Mae yna sgwrs yn dechrau rhwng y gweithwyr am hel y lleiniau sy'n sychu yn yr iard gefn, tsecio lliw sydd mewn amlenni ffoil, manylion am westy gwerth chweil yn y Canaries a hyd yn oed awgrym am dorrwr gwallt arbennig i wallt cyrls yn y Canolbarth.

Does yna ddim pwysau i frysio nag i brynu cynnyrch o'r sliff wrth y drws na hwrjio mwy o driniaethau drutach. Mae'r staff yn gwybod mai elfen fach ydi'r gwallt yn y gwasanaeth a gynigir. Mae yna foddhad yn dod o weld merched yn gwenu'n lletach wrth adael a derbyn eu cotiau'n cael eu dal fel dillad ar lein ar y ffordd allan yn lle eu stwffio rywsut rywsut.

Does yna ddim tarfu ar ofod nac anghyfforddusrwydd yn y closio i gael manylder y gwallt yn iawn. Dwi'n meddwl nôl am y salon yn yr Wyddgrug ac yn cyfrifo efo 'mysedd y byddai'r ferch wallt tywyll wedi ymddeol erbyn hyn. Neu efallai na wnaeth hithau ddychwelyd yn ôl fel finnau.

Wrth i mi godi i dalu a threfnu'r apwyntiad nesa, dwi'n synhwyro rhyw siom bod y sesiwn yn dod i ben. Ond yn y ffenest siop elusen dros ffordd dwi'n gweld fy adlewyrchiad i'n gwenu, yn sefyll yn dalsyth ac mae fy ngham yn sionci at y daith nôl adre.

Dwi'n dringo'r ffordd serth yn y car, yn mwynhau'r dynfa i gael cip ar fryniau Eifionydd a dwi'n gwybod bod llygad dde Cricieth yn cau heb grychu'r tywod, yn winc tan y tro nesa.

oeri efo'r ofn

Plentyn ar goll

Mi sylwes i arno fo'n syth ar y gwair wrth y dafarn. Mi oedd o'n ddigon pell o ymyl y ffordd i mi ddallt nad oedd ganddo fo fwriad o groesi i'r ochr arall.

A hithau'n law trwm, mi oedd y cip ges i o'r ysgwyddau uchel yn gweiddi nad oedd o'n teimlo'n saff. Doedd o ddim hyd yn oed wedi trafferthu i godi hwd ei gôt law goch. Mi oeddwn i'n brysur yn deud drefn yn fy mhen.

Mi oedd hi wedi bod yn ddiwrnod blin, llawn brytheirio. Y traffig yn rhy araf a hithau wedi hen basio tymor yr ymwelwyr wrth deithio i 'ngwaith yn Harlech.

Llenwi ceisiadau trwy'r dydd, yn gweithio i gwmni theatr, a fy meddwl i'n methu llonyddu. Cynllunio syniadau am gynyrchiadau ond atgof o lyfr lliwio Branwen o fy mhlentyndod yn fy maglu; sachau o filwyr, llygaid gwyllt Efnysien a bonclust y cigydd. A wedyn y ddrudwy yn cario negeseuon yn datgan mai ym myd natur mae'r ateb a Bendigeidfran yn gorwedd i greu pont. Fy meddwl wedi ei gaethiwo gan orffennol chwedloniaeth Harlech; y creulondeb, y dial a'r hiraeth.

Erbyn diwedd y pnawn, dwi'n ysu am fod adre. Adre alcohol nid adre aelwyd. Ond mae'r ffordd yn rhy wlyb a Beddgelert yn ddewis gwirion mewn tywydd stormus. Dwi'n gwgu fel ymgais i dorri trwy'r tywydd garw ond yn colli gafael yn y car. Mae corneli Llyn y Gadair yn fy ngwatwar. Maen nhw'n sôn am bysgod hynafol a llenorion gwrywaidd efo dawn dweud.

Mae yna ofn yn codi gwich yn fy nghlustiau a blas arholiadau telyn yn stopio'r car. Dwi isio crio ac yn meddwl sut y gall Dad ddod i fy achub, fel y byddai'n gwneud ym mhob cyfyngder. Ond does na'm bwth ffonio yn agos at fama na thŷ i gnocio drws. Mae hi'n dywyll a golau'r car yn methu gwneud synnwyr o'r ffin rhwng y dŵr a'r ffordd.

Dwi'n oeri efo'r ofn sy'n cyrraedd fy nghlustiau, yn gwthio llyw'r car yn ei flaen efo penderfyniad merch ifanc heb gyfeiriad. Dwi'n ysu am gyrraedd adre i dŷ wedi'i addurno efo *artex* prysur. I orweddian ar soffa ledr dywyll.

Dwi'n dechrau ymlacio wrth gyrraedd y ffordd fawr yn Llanrug ac yn blasu'r gwin. Er mod i'n gyrru'r car, dydw i ddim yn bresennol ar y ffordd tan i siâp yr hogyn yn y gôt goch fy neffro i. Dwi'n gwybod ei fod o mewn perygl. Mae'r perygl yn miniogi fy synhwyrau i. Dwi'n barod.

Mae fy stumog i a'i gwichian wastad wedi fy arwain i gymryd sylw. Pan fo yna wers dwi ei hangen, mae fy ngreddf yn cyfathrebu'n gorfforol.

Fel yn Birkenhead ar y ffordd i siop wersylla, dwi'n sylwi ar blant yn eistedd y tu allan i dafarn. Maen nhw wedi diflasu ar unrhyw chwarae. Daw dyn a galw ar un sydd wedi crwydro'n rhy bell. Mae o'n cael clusten, cyn ei sodro yn ôl ar y stepen wrth i ddrws y dafarn ysgwyd nôl a mlaen ar ôl y dyn.

Dwi'n trio gwneud synnwyr o'r olygfa, yn holi Mam a Dad ond 'bechod drostyn nhw' dwi'n ei gael yn ateb tila.

Dwi'n cael pregeth am 'mor ffodus' ydw i yn cael chwilio am babell a mynd ar fy ngwylie pan na chaiff y plant yma fyth fynd i nunlle.

'Ond ma gynnyn nhw'i gilydd yn gwmpeini,' dwi'n ei gadw tu mewn i mi. Mae'r plant yn codi i fynd i dynnu ar gi strae ac yn ei bledu efo cerrig. Dwi'n edmygu eu dewrder nhw yn torri rheolau. Yn sylweddoli mor wan ydw i yn wyneb unrhyw row. Yn rhoi stop ar unrhyw fygythiad i adael fy hun fod yn 'hogan ddrwg'. Mae un yn sylwi arna i, yn pwyntio'i fys ata i ac yn tynnu tafod. Dwi'n cochi ac yn falch o gael mygu'r cywilydd efo ogle cemegol y canfas dal dŵr sydd yn y siop.

★★★

Mi ydw i'n penderfynu stopio wedi i'r *layby* orffen. Mae yna glec wrth i'r car godi dros ymyl y pafin. Dwi'n ei weld o'n sylwi ond yn aros yn ei unfan. Dwi'n agor y drws a phenderfynu peidio estyn fy nghôt. Mae 'nhraed i'n glychu'n syth a dwi'n rhegi heb wybod sut ddylwn i gynnig ei helpu.

Mae o'n dechrau closio ac yn sibrwd 'I'm lost.'

Yn yr eiliad honno, dwi'n ymlacio ac yn ei dywys am y car. Mae ei ysgwyddau o'n gostwng a dwi'n synhwyro nad oes ganddo fy ofn i. Mae yna holiadur aml-ddewis yn agor yn fy meddwl. Dwi'n ochneidio, yn ei wasgu o i ddyfnder fy nhraed ac yn ymddiried fod yr atebion gen i'n saff.

Mae hi'n gyfnod y nawdegau cynnar heb ffôn i gynnig opsiynau dianghenraid. Dwi'n troi ato ac mae o'n codi ei lygaid i ddiolch. Mae o wedi bod yno ers amser hir yn chwilio am griw ei drip ysgol. Mi oedd o wedi aros i sbio ar *stork* o grëyr glas a thrio nesu ato fo cyn iddo fo sylweddoli fod gweddill y grŵp wedi diflannu.

Mae 'mhrofiad dwy flynedd o ddysgu yn gweld bod yna dyllau yn y stori ac esgeulustod yn canu'n glir. Mae o yma ar drip mewn canolfan awyr agored wrth '*some trees and a river*' a dwi'n methu peidio cymryd at ei ddiniweidrwydd a chynhesrwydd ei acen Sgowsar. Mae yna ochneidio sydd yn bradychu ei grefft storïol a dwi'n creu naratif o gamdriniaeth ac amddifadedd. Does yna 'run aderyn hardd wedi'i swyno, tan heddiw.

'Do you think you can find where you're supposed to be?' dwi'n holi'n dila cyn meddwl a ddylwn i droi am swyddfa heddlu Caernarfon ar fy mhen.

Mae'r cwestiwn yna'n fy llorio i heddiw. Angen ei holi i mi fy hun oeddwn i, nid yr hogyn. Cyn i'r tristwch gydio dwi'n clywed, 'Mi oedd yna le i ti yn y byd, wastad' gan y llais bach doeth yn fy mherfedd.

Mae o'n awgrymu y dylen ni chwilio am y coed a'r afon sydd wrth ymyl y ganolfan a dwi'n ymddiried yn ei gyfarwyddyd o. Mi yden ni'n dreifio am Brynrefail ac yn mynd ar hyd lonydd culion nad ydw i wedi'u teithio o'r blaen a nhwythau brin filltir o fy myngalo *en suite* yng Nghlwt-y-bont.

Mae o wedi ymlacio yn braf erbyn hyn ac yn amau fod yna ran o'r ffordd yn gyfarwydd. Mi rydan ni'n cyrraedd buarth fferm a chi defaid yn tynnu ar tsiaen, yn trio ein dychryn. Na, dydi o ddim yn cofio fan hyn felly mi ydw i'n troi'r car yn chwithig ac mae o'n holi 'Ave yer just passed yer test?'

Mae'r hogyn yn sylwi 'mod i'n dechrau anobeithio ac mae'n holi ydw i am ei adael o a dwi'n dychryn 'mod i'n cyfleu'r neges 'mod i am ei fradychu.

Dwi'n ei sicrhau na fydda i'n ei adael nes mae'n saff ac mae yna wedd newydd i'r chwilio. Mae hi'n troi'n antur ar amrantiad ond dydw i'n dal ddim yn holi ei enw o. Mae hi'n tywyllu ar garlam, rydan ni'n cyrraedd *dead end* arall ac mae rhaid i ni droi. Dydw i ddim isio cynhyrfu a dyna pryd y daw y cwestiwn 'Are you ok?'

Alla i ddim ateb a dwi'n trio ei anwybyddu yn gwybod fod yna ddyfnder a gwerth tu ôl i'r cwestiwn. Dwi'n cuddio tu ôl i straeon clwyddog am flinder a phoeni am sgratsio'r car newydd ond yn gwybod nad ydi o'n coelio dim ar yr ateb. Ac rydw i'n dal heb ateb y cwestiwn.

Heb gynnwrf mae o'n datgan ein bod ni *yno*. Mae yna adeilad oedd yn Gapel o fewn cof cymuned yn gwisgo plac o berchnogaeth gan wasanaeth addysg Lerpwl. Mae yna drelars efo canŵs lliwgar wedi'u llwytho'n flêr a bysus mini tolciog.

Mae'r hogyn yn ochneidio ac yn tynnu'i felt. Dwi'n addo dod efo fo ac yn ei gysuro nad oes angen iddo boeni. Mae'r athro yn nesu ac yn dechrau gweiddi yn filain. Dwi'n closio at yr hogyn ac yn berwi. Oedd o wedi cysylltu efo'r heddlu? Oedd o wedi sylwi ei fod o ar goll? Sut oedd yr holl helynt wedi codi a dwi'n reit sicr fod yr athro'n gweld 'mod innau'n crynu llawer gormod. Mae'r hogyn yn cael ei yrru ar ei union am ei swper ond yn pwyllo i edrych dros ei ysgwydd arna i cyn diflannu i mewn i'r adeilad.

Dwi isio ymestyn y cynddaredd allan ohona i fel *chewing gum* ond ddim yn gwybod sut. Mae'r athro'n rhyw fwmian diolch ac yn addo na ddigwyddith o ddim eto cyn troi ar ei sawdl.

Dwi'n dal i sefyll yn y glaw yn oeri. Tydi'r datrysiad hwn ddim yn fy moddhau. Dwi ddim yn gweld fod y digwyddiad wedi'i yrru i ddeffro fy nghariad at blant. Ond tydw i ddim yn clywed yr alwad. Dwi'n fyddar ac yn flin.

Wrth gyrraedd y ffordd fawr, dwi'n gyrru'n wirion, yn poeri cyhuddiadau at yr athro anghyfrifol oedd heb deimlo colli'r hogyn. Yn ceisio ei ddychryn a dychmygu diwedd dichellgar i'r hogyn mewn ffos ddofn, wedi'i foddi yng nghanol y brwyn a chrëyr glas yn galaru'n gylchoedd uwch ei ben.

Dwi'n creu gwasanaeth ysgol lle maen nhw'n cofio'r hogyn, a'r athro mewn carchar yn derbyn ei gosb. Mae'r plant yn ddagreuol, yn ofni byd natur a pherygl y mynyddoedd. Dydyn nhw byth am fentro o lymder y ddinas eto. Mae'r stori yn mynd o chwith. Dwi am i'r plant ffeindio eu crehyrod gleision eu hunain, nid cadw eu byd yn fach.

Dwi'n gafael mewn dwy botel win yn Spar Deiniolen, yn trio asesu a oes gen i ddigon o bres am bac o bedwar can cwrw hefyd. Dwi'n chwilio am rywbeth arall i brynu i guddio fy mwriad. Mae'r silffoedd coch a gwyrdd yn cynnig caniau bwyd sy'n codi pwys arna i a dwi'n dewis Starbar. Mae o'n rhy fach ar siglen 'ymddangos yn normal' ac mae pwysau'r poteli yn cyrraedd y llawr yn blaen. Mae fy salwch i'n amlwg i bawb.

Mae'r ddynes yn edrych i fyw fy llygaid ac yn holi fel wnaeth yr hogyn, 'Ti'n iawn?' Dwi'n deffro'r ffalsrwydd cyfarwydd i ateb efo sgript blinder nos Wener ac mae hi'n fy nghywiro mai dim ond nos Iau ydi. Mae 'ngafael ar y poteli yn llithro ond does yna ddim dinistr gwydr a gwin y tro hwn. Mae hyn yn codi dagrau pigog yn syth. Dydi nos Iau ddim yn rhoi hawl i'r dianc dwi isio. Does gen i ddim *permit* i'w chwalu hi ond mi ydw i angen rhyddhad.

Mae'r poteli yn clecian ar y sêt lle'r oedd yr hogyn. Dwi'n estyn fy llaw am y defnydd llwyd a'i batrymau *migrane*. Mae'r ystum yn fy nhawelu. Mae yna'n dal gyswllt rhyngddon ni. Mi ydw i'n dal i rannu y cwlwm ddaeth o nunlle.

Mae'r car yn stopio jyst mewn pryd o flaen drws y garej a lifyr yr *handbreak* yn rhegi. Dwi'n agor y drws ffrynt efo'r poteli dan fy nghesail. Mae dynes y tŷ pen yn sylwi a dwi'n gwenu cyn rhoi hwth i'r drws. Dwi'n gollwng y poteli ar lawr ac yn gorwedd ar y soffa ledr oer.

Mae'r *artex* yn symud uwch fy mhen i, yn methu dewis siâp mae'n fodlon arno. Yn ysgwyd cynffon paun cyn gollwng yn ddeilen riwbob fawr sy'n gwrando am neges.

'Dwi ofn.'

Mae'r *artex* yn llonyddu, yn annog mwy o ryddhau.

'Dydw i ddim isio bod lle ydw i.'

Mae'r *artex* yn gwagu, yn agor fel twyni tywod i'r môr. Mae yna ofod i mi ddychmygu bywydau eraill. Mewn dinas, yn byw heb ofn. Yn yr haul, ar draeth yn denau a llonydd, yn uno yng ngronynnau'r tywod heb ddisgwyliadau.

Dwi'n cofio bod ar draeth yn ne Ffrainc yn treulio pythefnos yn darllen, yn awchu i ddianc trwy lyfrau yn y gwres. Y môr yn tynnu am i lawr yn araf bach fel gwahoddiad addfwyn i ymlacio. A mopio wrth weld plentyn bach yn eistedd ar ei ben ei hun yn ddiddan heb degan. Y tonnau yn syrthio o afael ei ddwylo ond yr ysfa'n ei gymell i drio eu dal eto. Gwirioni efo esmwythdod y rhieni yn canolbwyntio ar dderbyn yr haul ar eu cyrff olewog heb orfod gwylio'r plentyn fel barcud.

Mi dynnodd y don fy sylw. Roedd hi'n rhy fawr, yn herio cred y plentyn y gallai ei dal a'i dofi. Roedd hi'n magu nerth ac yn fy hudo'n llwyr. Yn ara bach, mae yna bobl eraill yn sylwi arni, yn hel eu pethau a symud yn ôl am gyfeiriad yr adeiladau.

Roedd amser wedi arafu yn gartŵn o ddychryn a'r plentyn yn dal i grafangu am y dŵr. Mi oedd Dad ar ei draed yn ystumio ar y plentyn heb ei Ffrangeg, yn gweiddi 'Lle ma'i rieni o?' Heb feddwl am ei ofn dŵr o gael ei daflu i'r Ddyfrdwy'n blentyn, mae'n camu i mewn i'r môr ac yn codi'r plentyn. Mae'r don yn ei ddymchwel ond mae'r plentyn yn dal uwch ei ben yn syrffio'r dŵr. Mae Dad yn codi ar ei draed yn araf yn tagu a'r plentyn yn wobr.

Mae'r rheini yn rhedeg am y plentyn yn ddiolchgar heb ddeall bod yna orchfygu ofn arwrol wedi digwydd yn Dad. Mae o'n eistedd ac yn estyn am botel fach o gwrw o'r *coolbox* coch. Dydi o ddim am siarad ond mae yna gryndod yn ei ddwylo fo.

Mae pawb wedi mynd yn ôl i orweddian ond mae egni'r don yn dal i gyniwair ynof i. Dydw i ddim yn gallu ymgolli yn y llyfr. Dwi isio gafael yn Dad a rhannu fy malchder ond yn deall mai llonydd mae o isio. Mae Mam yn estyn am gaws a thomato i stwffio i'r bara caled a dydw i ddim yn poeni am y tywod yn y tameidiau heddiw.

Roeddwn i wedi dychmygu y byddai rhaid i ni adael ond does yna ddim dramateiddio'r don, dim beirniadu a dwi'n gwybod fod yna heddwch yma. Mi allwn ni wynebu heriau heb eu tynnu'n griau a chreu 'be os'. Ond rhywsut dwi'n deall bod angen llacio'r tyndra efo geiriau o ryw fath.

Mae'r 'sdim isio sôn am hynne' a 'dyne fo' a 'dyna ddiwedd arni' wedi gwasgu gormod o swigod i botel sydd ar fin ffrwydro drwy 'mywyd i. Dwi'm isio osgoi 'run sgwrs anodd heddiw ond dwi'n gwybod 'mod i'n dal i ganiatáu i swigod hisian am yn rhy hir tu mewn i mi.

Mi oedd Dad wedi neidio i fy achub wrth i fêls llac ollwng o'r llwyth tu ôl i dractor ar fferm Nain a Taid. Heb feddwl, mi afaelodd o ynof i a fy arbed. Dwi'n deall mai yn y gweithredoedd hyn mae sgyrsiau sy'n rhy anodd i Dad yn cael eu lleisio.

Mae'r *artex* yn ei ôl, yn sownd yn ei batrwm, yn dal i hawlio fy sylw. Mae gen i ysfa i chwilio am bapur swnd i ddiffodd ei swnian, i'w edmygu, fel ryw ddynwarediad tila o nenfwd y Sistine.

Dwi'n cofio'r patrymau roeddwn i'n eu creu efo 'nhraed a 'nwylo ar y traeth yn ne Ffrainc heb ofni na fyddai'r patrwm yn para. Roeddwn i wedi ysu i greu siapiau, i deimlo cyswllt efo rhywbeth y tu hwnt i mi fy hun.

Dyna pam dwi'n sgwennu. I gofio, i ddeall taith fy enaid. I wrando ar negeseuon mawr mewn manion. Mae'r manion yma yn annog creadigrwydd i gysylltu'n ôl efo'r ferch 'unig blentyn'. Pan oedd yna gynllunio gofalus sut i dyfu 'i fod o werth', mi ddaeth yr Iola fach o hyd i lwch nad oedd yn llonydd. Mi bwysodd hi'r statig oedd yn bywiogi'r dafnau mân. Ei gymell i hofran â phatrymu bywyd anweledig y dychymyg.

Wrth bwyso fy mhen yn oerni y lledr du dwi'n dychmygu 'mod i'n saff, nad oes raid i mi ofni. Fi yn fy swyddfa sy'n teimlo'r diogelwch 30 mlynedd yn ddiweddarach.

Ar y soffa ledr, dwi'n estyn am y gwin. Mae ehangder y gyda'r nos o 'mlaen wedi'i lenwi efo presenoldeb yr hogyn coll.

Heddiw, dwi'n deall mai fi oedd yn y gôt goch yn sefyll o flaen y dafarn.

gweld y gorau

Huw

Dwi'n cael cip arnat ti heb i ti ddeall. Ein mab wrth dy ymyl yn llonyddu ar y soffa a hithau'n gyda'r nos a'r ddau ohonoch chi'n un yn eich cariad. Mi wyt ti'n synhwyro'r syllu ac mae dy ddwy asgell gwenu yn torri ar dy fochau a gwên yn lledu heb i ti dynnu dy olygon oddi ar yr Octanauts ar y teledu. Mi gaiff ein mab bwyso botwm i gael pennod arall heb i ti wingo dim er bod gwylio'r newyddion yn ddefod rwyt ti'n mynnu ei chadw. Ond mae yna newyddion ar sianel arall wedi'r noswylio sydd yn gwneud y tro yn iawn i ti.

Mae dy law di'n tynhau amdano gan wybod mai diolch distaw am gael anwyldeb y ddau ohonoch chi ydw i. Ac mae'r wên yn ffurfio ar ei wyneb yntau a'i esgyll gwenu o yn adleisio dy rai di.

Dwi'n cofio'r gwirioni o wybod fod yna fabi ar y ffordd er gwaethaf fy 44 mlynedd yn gosod wal o rwystr. Ond roeddet ti'n ffyddiog fod yna wastad ffordd o dorri trwodd. Hogyn oedd o am fod yn dy ddychymyg di a finnau isio lladd y proffwydo efo amheuon am anableddau a 'Paid â themtio ffawd.' 'Mi garwn ni o sud bynnag fydd o,' yn ateb i unrhyw ddychryn a finnau'n gwybod hynny i sicrwydd. Y sgan wedyn yn cadarnhau dy argyhoeddiad a dim brolio 'ddudish i', dim ond ysgwyd pen cadarn a gwasgu gwefus i ddiolch yn yr ysbyty.

Mae yna gyfnod newydd yn dechrau, o ddod i adnabod ein gilydd a gwybod y bydd yna ddolen rhyngom ni am byth. Mi wyt ti yn symud i fyw ata i. Yn dod â system sain rhy fawr a *speakers* niferus. Mae yna waith addasu, rhoi lle i'n gilydd. Dod i fyw efo patrymau nad oedden nhw wedi dod i'r golwg cyn hyn.

Mae dy lonyddwch di yn canu harmoni i 'mhrysurdeb blêr i, dy weld y gorau yn cysgodi fy meirniadaeth i, dy ddewrder yn iro tân gwyllt fy ofnau i.

***

'Gen i gariad,' oedd dy ateb i gynnig dod draw i dŷ ffrindiau wedi'r gig a finnau yn dotio at dy ddeall craff o 'mwriad. Wnes i ddim cyffroi, dim ond dychwelyd at y ffrindiau oedd yn ymlacio yng ngwres cyfarfod ar hap yr eisteddfod. Gwylio y perfformiad o bell a tithau'n dal fy llygad ar unawd sax a hynny'n teimlo'n braf.

Dwi'n taro ar ffrindiau eraill sydd yn ceisio fy mherswadio i ddod i glywed band mewn tafarn arall. Mae o'n gynnig y byddwn i'n arfer ei dderbyn. Ond nid heno. Mae'r hen ffrindiau sydd wedi 'nghroesawu i'w cartref yn rhai da, yn driw a dwi'n teimlo 'mod i'n perthyn heb chwithdod. Rhwng fy mlinder a'r cerddor tal sy'n dal fy llygad wrth chwarae, dwi'n dewis aros lle ydw i.

''Swn i'n hoffi dod efo ti, i le dy ffrindia,' yn deffro teimladau dwfn, yn cydnabod dy fod dithau wedi synhwyro bod yna drydan yn y sgwrsio. Mae'n rhaid i ti chwarae efo band arall gyntaf a dwi'n ddiolchgar am ofod amser i ddeall arwyddocâd y cyswllt.

Mae yna chwerthin wrth fynd ar goll yn dy gar ar lonydd cefn a chael blas ar sgwrsio yn torri'n nentydd chwareus o lif yr afon fwy. Cyrraedd y fferm wedi i bawb arall afael ar hel atgofion o gwmpas bwrdd y gegin ac mae yna groeso cynnes heb gynnwrf yn dy gynnal. Does yna ddim llowcio gwin, dim ond mwytho'r ast sydd wedi mynnu eistedd ar dy lin a'i chŵn bach ar fin cyrraedd. Mae'r ast yn codi'i phen wrth i mi glosio 'nghadair atat ti a dwi'n deall ei bod hi'n mynnu pellter. Noson o gyfathrebu trwy syniadau fydd heno, trwy eiriau ac mae hynny, fel y gŵyr yr ast yn gychwyn cadarn.

Heb yn wybod i ni, mae pawb yn cilio i esmwythdod y soffas ym mlaen y tŷ a ninnau yn mynd i gael awyr iach. Mae hi'n noson serog a bryniau Clwyd yn glyd amdanon ni. Mae yna bellter rhyngom ni sy'n rhoi lle i ddistawrwydd setlo heb chwithdod o fath yn y byd.

Rydan ni'n dau'n sylwi ar gerflun o gerrig yn yr ardd wedi'i greu gan fy ffrind, yn hongian ar linynnau ar ffrâm fetel. Mae'n ddatganiad bod modd dryllio'r cerrig caletaf. Mae'r cerrig yn ysgwyd heb eglurhad a dwi'n synhwyro presenoldeb gŵr fy ffrind oedd rhaid iddo adael y byd yn rhy gynnar. Mae'r cerrig yn symud heb daro ei gilydd fel tonnau'r môr yn asio'n berffaith. A dwi'n gwybod fod y gŵr caredig hwn yn rhoi sêl ei fendith ar y berthynas a'i fod o'n falch fod yna dyfu ar ei dir o.

Mae yna sgwrsio gonest am salwch meddwl a phoen ond ddim dibyniaeth. Mae hi'n rhy fuan i mi weld y gwir hwnnw. Mae yna ormod o stêm yn codi o 'lanast' priodas yn chwalu i mi weld sut mae'r byd yn ei wirionedd ei hun. Ond mae hi'n amlwg fod yna awch yn y ddau ohonan ni i fynd at wraidd ein breuder, ein harwahanrwydd, ein swildod; y profiadau cyfarwydd sydd yn gyffredin i ni'n dau.

Rwyt ti'n cyhoeddi fod raid ti ddychwelyd adre cyn mynd i dy waith yn y bore sydd wedi hen gyrraedd yn slei bach trwy ddrws cefn rhoi'r byd yn ei le. Does yna ddim math o ymgais i dy argyhoeddi i aros dim ond bodloni mai fel hyn yn union mae hi i fod. Mi wyt ti'n addo cysylltu a finnau ddim yn cynnig fy rhif ffôn. Yn y ffarwelio tawel hwn dwi'n deall y bydd yna oes o gyd-fyw a chariad yn ein clymu ni'n dau. Mae hwn yn ddeffroad cariad gwahanol. Yn un ag *ohm* y ddaear, yn greiddiol, yn ffynnu ar ffydd.

Dwi'n mynd i'r gwely ac yn cael llonydd i gysgu'n braf. Mae yna baned yn cyrraedd a does yna ddim holi'n dwll, dim ond nodi 'mod i'n hapus, yn fodlon a dwi'n ateb yn nodio'n dawel.

Mae yna wythnosau yn pasio a dwi'n amau a oedd y noson yna yn ddim ond rhith. Mae hi'n wyliau ysgol a'r merched ym mhrysurdeb eu harddegau a finnau'n teimlo'n bell yn claddu'r gwacter mewn gwin. Maen nhw'n mynd i garafanio efo'u tad a finnau'n cael fy nal mewn gwenwyn o chwerwi a hiraeth yr un pryd. Dydw i ddim yn gwybod sut i fod yn fy unigrwydd. Yn ceisio bod yn ddewr ond yn gwegian a gwaith a gwin yn methu llenwi'r gwacter.

Dwi'n cysylltu efo ffrindiau ac mae pawb yng nghanol eu prysurdeb gwyliau haf. Dwi'm yn gwybod lle i droi a phenwythnosau yn ymestyn fel gorffwylledd heb ddiwedd. Mae prynu cylchgronau tai yn llenwi munudau a thripiau i Gaer efo'r genod yn cynnig lloches am brynhawn.

A wedyn mae yna gynnig i ddod draw am swper dros Facebook. Dwi'n derbyn ar fy union ac yn gynnwrf i gyd. Mae yna egni newydd yn cyniwair sydd rhywsut yr un mor heriol â'r unigrwydd. Mae hi fel tase heddwch ein cyfarfod cyntaf wedi 'mradychu fi ond dwi'n ffeindio cysur mewn gwylio tonnau yng Nghricieth.

Rwyt ti'n agor y drws efo gwên lydan ac yn sefyll yn stond cyn cynnig i mi ddod i mewn. Mae yna lanast ym mhob man ond cyffyrddiadau o lyfrau, lliw ar y wal a chelf sy'n gwneud i mi deimlo'n braf. Mae yna agosatrwydd tro 'ma sydd yn rhyddhau unrhyw amheuaeth am beth fydd rhyngom ni.

Dwi'n blasu'r *pastichio* ac mae o'n faethlon ac yn bryd newydd sbon. Mae yna hyder yn y coginio er bod y bwyd yn cael ei weini ar fwrdd coffi sy'n sypiau o filiau angen eu talu a llanast dyn heb drefn yn byw ei hun. Ond dwi'n gwybod fod yna rywbeth dyfnach, tu hwnt i'r byd materol, yn ein gosod ni wysg ein gilydd.

Mae yna win yn llifo heno ac mae'r ddau ohonan ni'n gwybod nad oedd ei angen o. Fod yna ymddiriedaeth, cariad a chysur y cyfarwydd rhyngom ni. Ond tydw i erioed wedi selio perthynas heb alcohol o'r blaen ac mi gymrith hi bedair blynedd arall i mi wynebu hynny'n iawn.

***

Mi yden ni'n adnabod ein gilydd ers blynyddoedd. Wedi cael sgyrsiau meddw droeon. Mae'r ddau ohonon ni'n ymwybodol o 'lanast' ein gilydd ac yn gweld bod yna

newid egni ym mhob cyfarfyddiad. Ond tydi'r egni erioed
wedi cael ei leisio.

★★★

Mae cerdded i'r theatr yn yr ysbyty i groesawu ein mab
yn dod â heddwch y noson gyntaf yn dynn amdanon ni.
Dwi'n synhwyro nerfusrwydd y staff yn wahanol i eni'r
merched. Dwi'n fam hŷn, mae yna boeni am faint y babi
ac mae'r llawdriniaeth i'w gweld yn cymryd mwy o amser.
Mae'n mab yn cael ei gymryd i un ochr ac mae'r tawelwch
yn annioddefol. Mae yna siarad cadarn efo fo i gymryd
ei wynt a mwya sydyn mae yna fonllef yn dod i gynhesu
awyrgylch y 'stafell wen.

Mae o'n berffaith, y babi bach, efo'r bysedd chwarae
piano a thlysni ei dad. Mae o'n ein hudo ni, yn selio ein
cariad ni ac mae yna groeso annwyl gan ei chwiorydd
mawr.

Y noson honno, mae'r nyrsys yn fy annog i gerdded a
finnau yn gofyn am boenladdwyr. Paracetamols sy'n cael eu
cynnig a dwi'n methu deall lle mae morffin y genedigaethau
cynt. Dwi'n bodloni ac o fewn dim dwi'n teimlo'r düwch
yn un â llwydni Chwarel Penrhyn sydd yn cuddio heibio
A55 ffenestri'r ward.

★★★

Mae yna hapusrwydd a dotio ond mae yna gysgod. Mae o'n
fy nghnoi i, yn fy ngwneud i'n bigog, yn dylu'r cariad sydd
o 'nghwmpas i.

86

Mae'r diffyg cwsg, y galwadau gwaith a'r ofn yn cynyddu ac mi ydw i'n deall fod bywyd yn fy mhasio, yn fy ysgwyd fel loris traffordd a finnau heb le i wasgu i allanfa o ddiogelwch. Mae ein mab yn gariad byw a'i anwyldeb yn toddi ein calonnau ni ond does yna ddim byd yn codi'r tywyllwch. Mae 'mhen i'n tincian efo atseiniau ofn, fy nghalon yn curo'n rhy gyflym yn barhaus a'r gwybod 'mod i'n boddi yn closio bob dydd.

Dwi'n sylwi ar bobl yn fy ngwylio efo dychryn. Yn ysgwyd pen a mwmian dan eu gwynt, yn croesi ffordd i fy osgoi ond dydw i ddim yn gallu rhannu dim o'r boen rhag i mi ddiflannu'n llwyr.

★★★

Mae'n rhaid i ti adael. Mae yna frynti newydd yn cyniwair ynom ni ac mae rhaid i bethau newid. Dwi'n erfyn, yn ceisio mynnu dy fod ti'n dychwelyd ond mae gen ti gadernid; yn gwybod fod yna niwed i ni'n tri o barhau.

Mae dy golli di a fy mab am gyfnodau yn agor y llifddorau ar ddinistr. Dwi ar goll yn fy ofn. Yn ysu am noddfa ac yn methu ei gael heibio i boteli sy'n gwagu heb gyffwrdd y boen.

Mae'r genod yn dychryn, a ffrindiau a theulu ac yna dwi'n ffeindio nerth i ganfod cymorth. Mae yna lanast dychrynllyd ond mae yna ryddhad yr un pryd a dwi'n cael anogaeth o lefydd annisgwyl. Cyn-ŵr yn cynnig cefnogaeth trwy eiriau caredig sy'n fy nhanio i weld llygedyn o obaith. A geiriau trwy ddagrau y genod yn clymu'n edafedd tynn i fy estyn ymlaen i le gwell. A fy mab gyda'i lygaid dwys a'i gofleidio brwd yn gwybod fod yna wyrthiau mewn machlud cyn y nos.

***

Yn y cyfnod o dderbyn cefnogaeth, rydw i'n teimlo newid; newid yn y byd o 'nghwmpas i. Dwi'n codi ar doriad gwawr, yn seiclo i Lyn Padarn, yn rhedeg ar y Foryd ac yn bwyta bageidiau o fferins i geisio rhyddhau fy emosiynau. Dydw i ddim yn barod i'w teimlo nhw eto nac yn gwybod sut mae gwneud. Dwi'n sylwi ar gymylau ac yn gwybod yn reddfol lle i ffeindio'r lleuad.

Mae yna gofio dyfnach nag amser, am beth sydd yn bwysig. Mae dy ffarwelio wedi ein noson gyntaf yng nghwmni ein gilydd yn dod drosta i. Y sicrwydd a'r deall tu hwnt i wybod. Yn yr ennyd honno mae yna wres yn codi o'r ddaear a chynffon sigl-di-gwt yn sgubo'r ofn o'r neilltu.

***

Yn raddol bach mae yna drafod dyfodol. Mae 'caru' yn daffi triog o air nad wyt ti am feiddio colli dy ddannedd arno fo. Dwi'n ei weld heibio'r siarad; yn yr esgyll gwenu sydd heb agor eto ond sydd yn ddau drac cadarn yn cario cariad rhyngom ni'n dau.

'There is a light that never goes out' ydi'r unig addewid y gelli di gynnig. Dwi isio i ti ddyfynnu cân heb agwedd oriog Morrisey ond dwi'n dallt i'r dim.

Mae yna benwythnosau yn cael eu treulio efo'n gilydd ac yn Ionawr 2020 mi wyt ti'n dod nôl adre. Mi ydw i'n gwybod y tro hwn fod ein hadferiad ni'n dau yn fwy o ganllaw i'n tywys ni at fyd o heddwch.

★★★

Mi yden ni'n chwithig efo'n gilydd ond yn gweld gwerth o gael ein mab bob dydd yn wobr am weithio fel teulu. Mae yna chwerthin yn ffeindio ei ffordd trwy'r tŷ a'r genod yn dychwelyd i'n derbyn ni eto.

Ac wedyn, mae hi fel pe bai'r bydysawd yn bendithio'r ail-gyfle gyda chyfnod clo. Dim ond y ni'n tri sydd yn profi'r bybl hwn yn haul poeth yr iard gefn a mynd am dro i daflu cerrig ar y Foryd.

Mae'n mab yn sirioli drwyddo a ninnau'n deall ein bod ni'n cael rhodd er gwaethaf y dioddef sydd o fewn hyd braich. Mae ymweld â'r cerrig ar wal yr Anglesey yn rhoi mwy o foddhad nag unrhyw beint erioed a darganfod Zoom yn ein cadw ni'n dau fel oedolion mewn adferiad o fewn ein pwyll.

★★★

Mae'r addewidion deimlais i yn lliwiau'r wawr ar Foel Eilio efo fy merch fenga yn treiddio i 'mywyd i'n feunyddiol. Nid mewn hap o ennill loteri ond mewn carreg siâp calon, mewn gofod parcio yn union o flaen ein cartref, mewn sylweddoliad 'mod i'n saff.

Mae Huw yn fy atgoffa i, efo'i amynedd di-ben-draw, fod yna fodlonrwydd mewn llonyddu, nid ofni. Fod yna werth ynof i er ei fod o'n baglu ar ei union wrth i mi daflu'r sylw yn ôl ato fo.

Dwi'n sylweddoli mai adlewyrchu llewyrch ein gilydd yden ni. Ond mae bywyd prysur yn fy rhwystro i rhag sefyll yn stond yn y llyn llonydd ac edrych ar beth sydd gennon ni. Dwi'n rhy barod i daflu cerrig i'r llyn i boeni am ddillad wedi'u gadael ar y lein yn y glaw, am damprwydd yn llofft a cholli hosan cit pêl-droed ein mab.

★★★

Mae dy dystysgrif Phd yn cyrraedd ac mi wyt ti'n ei dal yn falch. Mae'r esgyll gwenu yn ddau leuad cyn i ti gadw'r darn papur yn ôl yn ei amlen. Mae'r cydnabyddiaeth hwn yn dyst i dy ddyfalbarhad i goelio fod gen ti ddealltwriaeth o'r byd er gwaethaf yr heriau mae o wedi eu taflu atat ti. Mae dy feddwl di'n eang ac yn llawn posibiliadau. Dwi'n adnabod y deall hwn fel tynerwch, maddeuant a gweld y gorau yn y rhai rwyt ti'n eu caru.

★★★

Heddiw, mae'r heddwch wedi setlo'n ôl, nid fel llwch ond ym mêr esgyrn ein perthynas ni. Mae yna gariad sydd yn fwy na geiriau, na choflaid na deall. Mae o'n byw rhyngom ni, yn plethu, yn creu patrymau newydd sbon ac yn datgan bod yna drefn i fyw sy'n ein tynnu ni at ein gilydd mewn cariad.

Bwrdd

Gosod Bwrdd

'Dos i osod bwrdd!'

Dydi hon byth yn orchwyl sy'n wrthun i mi. Ddim fel 'tyd i olchi llestri', 'cliria dy lofft' neu yr un syrffedus o 'sgwenna lythyre i ddiolch am dy bresante'.

Y trafferth ydi 'mod i isio gneud gormod o sioe ohoni. Isio nôl y cyllyll cyrn gwynion ar unrhyw gyfle ga'i. Dwi'n gwybod fod rhaid i mi synhwyro sut mae'r gwynt yn chwythu efo'r lliain cynta.

'Ga'i ystyn llian bwr?'

'Ar nos Lun?'

'A rhoi matie lle bo 'ne lanast!'

''Den ni'm yn tynnu gwaith i'n penne. Gei di lian bwrdd nos Wener.'

'Gawn ni iste trwadd, te?'

'Na chawn. Bwr gegin a dim lol.'

'Mi gliria i unrhyw lanast.'

'Dwi'n gwbod am dy glirio di.'

Roedd gosod bwrdd yn creu achlysur, yn rhoi gwedd newydd ar orchwyl ddyddiol, yn dangos bod defodau yn ein dal.

Te angladd

Yn y festri, mae yna fyrddau hirion yn llawn bwyd. Yn rhesi tatws newydd eu plannu. Mae yna lieiniau gwynion fel marcie ffordd yn cyfeirio'r galaru.

Mae yna fyddin o ferched wedi torchi llewys, yn cario paneidie a chadw cow ar y sypiau brechdanau a chacennau. Maen nhw'n annwyl ac yn cyffwrdd fy llaw gan nodi 'mod i wedi 'altro'. Dwi'n trio edrych yn ddyfnach i'w llygaid i ganfod beth yn union maen nhw'n gyfeirio ato ond yn methu. Maen nhw'n hwrjio mwy o sgons heb gyrains ac yn estyn jam ond does gen i'm awch bwyd. Dwi isio crefu arnyn nhw i adael y platie lle maen nhw. Mae'r menyn tew a'r jam sy'n troi'n llanast seimllyd yn corddi yn fy nychymyg am fy ngheg i.

Dwi'n sefyll, yn llwy swnllyd yn taro ar gwpan tseina, ac mae pawb yn troi. Dwi'n llyncu'r cyfog ac yn gwenu cyn gwyro trwy slalom y galarwyr i gael awyr iach.

'Ddim 'di arfer ma hi. Dipyn o gamp dod i drefn angladde. Mi ddaw.'

Mae'r gwynt yn chwalu 'ngwallt i, yn fy nhywys i at ffens y Capel i edrych draw dros y tir. Mae yna gar yn gwibio heibio ond dwi'n ddiolchgar am ei fflach o goch i 'neffro o'r gwahanu, y mygu ofn a phigo croen ar fy mysedd rhag gollwng teimladau. Mi ydw i'n falŵn sydd yn cael ei thynnu at wrych o ddraenen wen. Dwi isio chwalu yn dipie mân ond mae yna rywun yn sefyll wrth fy ymyl yn fy sadio.

'Dwi'm yn gwbod sut dwi fod i deimlo chwaith. Na be i ddeud. Dwi'm yn nabod y bobol sy 'ma ond ma nhw'n siarad fel taswn i'n perthyn.'

Mae hyn yn ddigon. Yn fy uno, yn rhyddhau cwlwm y balŵn tynn sy'n gwasgu tu mewn ac yn fy neffro i glychau'r gog sydd wrth fy nhraed. Mi yden ni'n dau yn syllu ar y caeau ac mae yna adar bach yn dod i lenwi beth oedd yn wacter, i gofio bod yna wreiddiau.

Ar unwaith, mi yden ni'n troi am y drws pren a theimlo bod llechen y trothwy yn feibl o straeon i ddod â ni at ein coed.

Mae'r sŵn wedi cynyddu yn y festri a chwerthin i'w glywed ac mi ydw i'n ymlacio yn gweld bod yna gymuned i'n cynnal i.

'Gymi di baned? Stynna at gacen rŵan.'

Dwi'n tynnu 'nghôt ac yn derbyn y croeso. Yn ei deimlo'n llacio y dagrau ond heb emosiwn.

''Ne ti, tyd mi wagu dy gwpan ti gael paned ffresh.'

Mae yna gariad yma mewn paned o de.

Caffi bore Sadwrn

Mi yden ni'n hel mwy o gadeirie o gwmpas y bwrdd top coch. Mae'r hen ddynes tu ôl i'r cownter yn twt-twtio mewn Eidaleg ond ei hwyres yn sychu'r metel o'i blaen i fopio'r chwerwder.

Mae'r ferch yn dal i afael yn y cadach wrth gymryd ein harcheb, ac yn ei selio ar ei chof gyda nòd sydyn a phendant. Mae hi'n dlws er gwaetha'r brat neilon siec ac mi yden ni i gyd yn syllu ar ei hôl a hithau'n taro gwên cyn mynd i mewn i'r gegin.

Mae'r coffi trwy laeth yn boeth a'n hangofyr ni'n ysu am ei leithder. Mi yden ni i gyd yn ein tro yn canu tôn y llosgi ceg sydd fel agoriad i gantata yr helyntion.

'Nest di, do?'

'Nath o fynd â fi mewn i tŷ ond oedd y ci yn cyfarth a ddoth i fam o lawr!'

'Ti'n licio fo?'

'Mae o'n gorjys er bod o'm yn siarad.'

'Fydd o'n Red heno?'

Manion bywyd yr arddegau wrth yfed dan oed yn cynnal sgyrsiau am oriau rownd bwrdd.

Mi yden ni'n sylwi ar duchan yr hen ddynes ac yn archebu wy wedi'i botsio ar dost a mwy o baneidiau. Te tro 'ma wrth i'r trafod dreiddio'n ddyfnach.

'Awn ni am dro.'

'Oes raid?'

'Ddown ni â carton gwin efo ni.'

'Sut ddown ni adre? 'Se'm yn well ni aros rownd dre?'

Y chwilio am broblemau, heb weld yr un fwyaf un.

Mae'r ferch dlws yn dod i glirio'r platie ond cyn eu codi, mae hi'n estyn cadair o fwrdd gwag i ddod i eistedd aton ni.

'Do you ever want to run away?'

Mae'r cwestiwn yn ein syfrdanu. Does gan 'run ohonan ni ateb.

'The difference between you and me is, you think you're already free.'

Dwi isio sôn am hawl pob merch i ddewis ei dyfodol, i lwyddo, i fentro tu hwnt i fywyd o fagu teulu. Ein bod ni i gyd yn uchelgeisiol, yn gwneud ein penderfyniadau ein hunain ond mae hi wedi datgelu y *deadlock* sydd ar fy nrws i.

Wrth gwrs, wnaeth hi rioed eistedd efo ni. Ond roeddwn i'n gwybod fod ganddi gyfoeth o ddoethineb nad oedd gen i. Nid maint ein byd ni sy'n diffinio rhyddid ond ein gallu i ganfod rhyddid yn union lle rydan ni.

Wynebu oblygiadau

Dwi'n cael fy nhywys i 'stafell heb ffenestri ac ar ochr arall y bwrdd mae yna bobl yn eistedd mewn difrifoldeb. Mae gen i gwmni wrth fy ochr sy'n gryfach na'r ofn; fy merch fenga.

Mae yna wydrau a *decanters* trwchus llawn dŵr. Dwi'n cael gwahoddiad i estyn am ddiod ac mae'r eironi yn ormod. Mae fy llaw i'n rhy grynedig i dywallt er y byddai'r dŵr yn cynnig rhyddhad.

Mae yna restru fy niffygion fel *menu* mewn caffi hylendid sgôr 1. Mae'r ofn yn pylu wrth i mi sylwi ar lygaid un o'r dynion. Mae ganddo ddeigryn yn cronni, yn sibrwd 'Sut ddoth hi i hyn?' Nid beirniadu mae o ond ystyried lle fethodd o gynnig cefnogaeth. Dwi'n gyrru neges fud efo gwên, 'Methu wynebu fy hun oeddwn i, doedd yna'm bai arnoch chi.'

Dwi'n gwyro 'mhen am i lawr, yn cuddio fy nwylo o dan y bwrdd ac yn rhyddhau'r dagrau. Dwi'n sylweddoli nad oes yna ddrwg yn neb, dim ond ofn. O gornel fy llygad, dwi'n gweld dwylo fy merch yn pwyso ar y bwrdd yn dadlau ei hachos o gymedroldeb wrth ymdrin â'i mam sydd wedi malurio. Mae'n siarad heb gynnwrf, yn rhesymol, yn cydnabod fod yna fai arna i ond yn eirioli ar fy rhan. Rydw i'n sâl ac mae hi'n deall na alla i ddadlau fy achos mewn gwendid.

Dwi'n troi i'w gwylio ac mae'r cariad dwi'n ei deimlo yn agor ffenest o awyr iach i'r 'stafell.

'Mi oedd y llanast yma werth ei ddioddef i deimlo hyn,' dwi'n datgan i mi fy hun. I weld bod yna ben draw i bob dioddef. I ddeall fod rhaid cyrraedd y gwaelod un i chwilio am raff o gymorth i ddringo am allan. I sylweddoli 'mod i, o bosib, yn gryfach nag oeddwn i wedi'i feddwl erioed. Dwi'n codi fy nwylo ar y bwrdd ac yn teimlo'r pren. Mi oedd hon yn goeden unwaith, meddwn wrtha fi'n hun, a dwi'n gwenu.

Gorchudd bwrdd

Mae gan fy nain frethyn o dan yr *oilcloth* a dim ond traed pren y bwrdd yn picied i'r golwg. Mae cadair gadarn Taid yn un sydd wedi'i chreu ar ei gyfer. O'i flaen mae sypiau o lyfrau wedi'u gosod yn daclus, yn gymesur ag onglau'r bwrdd. Tydi'r llyfrau ddim yn gwneud lle i unrhyw bryd bwyd. Ar rhain mae Taid yn gwledda.

Mae'r *Daily Post* wedi'i daro'n ffwrdd â hi a phapurau bro oddi tano ac enw'r tŷ nid y bobl arnyn nhw.

Mae hi'n amser te pnawn ac mae'r tri ohonan ni'n awchu am y frechdan denau wedi'i thorri yn gelfydd gan Nain. Mae yna dywallt paned a dim sôn am ddiod oer.

'Ew, ma hon yn dda.'

Ac ar hynny, mae Nain yn codi, efo help y bwrdd, i dorri mwy o frechdan.

Caiff y caws a'r jam ei gadw a hen dun *shortbread* ei estyn o'r cwpwrdd. Dwi'n sylwi bod Nain yn gwingo wrth godi ei breichiau ond tydw i ddim am rwystro ei hawl i 'dendio' ar ei phen ei hun.

Mae'r gacen sbynj yn felyn tywyll a'r siwgr yn frith ar ei phen. Mae yna gynnig tamaid arall ond mae pawb wedi'u digoni.

Mae yna dawelwch wrth i Taid daro ei fysedd ar y lliain a'r plastig yn codi alaw o law mân.

Does yna ddim chwithdod, dim ond heddwch. Mae Taid yn cydio ym mreichiau'r gadair i fynd trwadd i'r parlwr am gyntun.

Dwi'n codi'r llestri am y sinc ac mae Nain yn adnabod ceir wrth sychu'r llestri.

'Awn ni allan rŵan.'

Yn ei chôt a'i chap, mae ei bochau'r gwrido ac mae'n codi ei llaw i ddilyn hynt ji-binc.

'Dycha! Dycha!'

Dwi'n ddiolchgar am y wers ar sut i fyw yn dda efo'r tir.

Bwrdd deuddeg cam

O gwmpas y bwrdd hwn dwi'n darganfod fy niogelwch. Mae yna ormod ohonan ni i gael lle yn daclus felly mae yna gylch o gadeiriau yn ehangu ar sgwâr y bwrdd.

Mae yna drefn, croeso a gofod i ryddhau pryderon. Mae yna baned a sgwrs, anogaeth a chwerthiniad. Bob hyn a hyn, daw llanw bygythiol o chwerwder a rhwystredigaeth ond mae yna fôr ehangach i'w lyncu ac mae yna loer sy'n cadw trefn ar y cyfan.

Heb feirniadu, heb fychanu, mae'r deuddeg cam yn cynnig canllaw i gymryd cyfrifoldeb a gweld, trwy gariad, bod maddau yn well na moddion poteli gweigion.

Fan hyn oedd gen i ofn ei gyrraedd. Fan hyn oedd y lle olaf. Fan hyn y ffeindies i fy hun. Fan hyn mae yna ofod i fod, i roi cynnig eto ar fyw.

Ewinedd

Mae'r bwrdd yn gul ac mae'r ferch yn cymryd fy nwylo fel rhodd. Mae hi'n taenu olew ac yn sgwrsio am bethau sy'n fy lleddfu.

Fel dwi'n teimlo'n hun yn pellhau ac yn mynd i dwnnel o bigau mân pleserus, mae yna declyn gwthio ciwticyl yn fy nghnoi'n ffyrnig.

'Dwi'n ryff, yndw?'

'Na, ma'n iawn siŵr.'

Celwydd am fy mod i'n mwynhau clydwch y 'stafell.

''Dach chi isio dewis lliw?'

Mae'r dewis yn ormod ond dwi'n mynd am binc ceidwadol rhag tynnu sylw at fy ngwinedd hyll.

''Dach chi'm yn un i bampro'ch hun, nadach? 'Sach chi'n pwsho'r ciwticyl lawr bob wsnos 'san nhw'n dod yn ddel.'

Y dyfalbarhau cyson i ofalu amdanaf fy hun sydd wastad wedi bod ar goll. Mae yna ddeallusrwydd yma a dwi'n trio peidio crio ond mae hi'n sylwi ar y diferion yn hel ar lesni y lliain bwrdd papur.

'Dwi am gymyd panad bach. 'Sach chi'n licio un?'

Dwi'n pwyso am y bwrdd i sychu 'ngwyneb ac yn edrych trwy'r ffenest. Dwi'n gorffwys fy mhen yno fel plentyn ysgol gynradd ac yn ymlacio.

Mae'r ferch yn tagu'n chwithig, yn dychmygu fod rhaid iddi ymdopi efo dynes ganol oed arall yn ei cholli hi. Mae hi'n ofni fod yna fwy o lanast o 'nhu mewn i am dywallt allan.

Dwi'n codi 'mhen mor siriol â dwi'n gallu.

'Ddoth yna flinder drosta i.'

Dwi'n trio twyllo a chuddio'r breuder.

'Ma'n iawn siŵr.'

Yr anwyldeb sy'n fy llorio i. Mae'r crio yn ddi-ben-draw rŵan. Mae hi'n mwytho 'mhen i a tsecio ei Instagram 'run pryd. Dwi'n gweld hi'n taro'r *likes* ac mae yna chwerthiniad yn codi o 'nghrombil i. Dwi'n ofni bod hyn am ei dychryn hi'n fwy eto.

''Sach chi'n licio fi gario mlaen?'

'Byswn wir.'

Dwi'n ei ddweud yn rhy egnïol o lawer. Dwi'n ochneidio. Dwi ddim yn gwybod sut i ffeindio ffordd o fod mewn bywyd go iawn.

Mae hi'n gosod fy nwy law mewn peiriant nad ydw i'n deall ei bwrpas. Mae yna olau llachar yn dod ohono ac ar hynny, mae yna ddwy ddynes yn cega ar ei gilydd ar y palmant tu allan. Maen nhw'n taeru mewn Saesneg ond Cymraeg ydi'r dôn.

'Dwy chwaer chi – dyna ydyn nhw! C'wilydd! Fel hyn ma'n nhw bob bora ar ôl noson darts.'

'Pam bo nhw'n ffraeo sgwn i?'

'Hw nows! Ond ma'n nhw styrbio cwsmars fi yn fama.'

Mae hi'n rhoi cnoc ar y ffenest fel rhywun sy'n hel dyledion. Mae'r ddwy yn codi llaw i gysgodi rhag yr haul. Wrth gael cip ar bwy sy'n eu galw, maen nhw'n codi bawd a chwifio fel pobl ar gei yn gweld llong yn pasio. Maen nhw am ein twyllo nad oes dim o'i le.

'Diníw 'dyn nhw, bechod!'

Ar hynny mae hi'n rhoi mwy o olew a mwytho.

''Dach chi'n licio nhw?'

'Dwi'n dy licio di'n fawr.'

A mwya' sydyn, mae hi'n estyn y teclyn talu ac yn fy nhywys i allan reit handi.

Bwrdd ystafell y marfer wrth weithio fel cyfarwyddwraig ar gyfer cynhyrchiad theatrig

O amgylch hwn, mae yna drafod a dadansoddi. Torri sgript, ei thynnu'n grïau a synhwyro beth sy'n dal dŵr. Ystyried sut y gall ystum, golau a cherddoriaeth ddangos heb orfod dweud dim.

Mae yna fodel o'r set ac actorion yn chwilio'n ddwfn am ystyr. Maen nhw'n angerddol a dwi'n deffro i gyffro y paratoi.

Dwi'n mentro'n ôl ac yn ffeindio bod yna wefr gyfarwydd yn dychwelyd.

Dwi'n gwrando mwy y tro hwn. Yn sylwi ar brosesu drwy fwy na geiriau. Dwi'n rhan o dîm ac yn teimlo'n dda.

O'r düwch y daw cyfanwaith sy'n rhoi trefn ar brofi'r byd.

Dychmygu bwrdd

Dwi ar draeth ac yn sylwi ar foncyff. Dwi'n gosod fy nwylo yn ofalus arno a daw bwrdd i'r golwg. Dwi'n teimlo fy ffordd i'r atgof o eistedd wrth ei ymyl. Mae'r tywod meddal yn troi'n lawr cadarnach. Mae yna lestri yn cyrraedd. Dwi'n craffu i weld pwy sy'n eu gweini. Dwi'n sylwi ar eu lliw nhw, manylder y patrwm. Mae yna bobl sydd yn ymuno efo fi ar gyfer y wledd. Fi sy'n penderfynu a fyddan nhw'n yngan gair. Fi sy'n llywio'r gloddesta.

Dwi'n mentro o dan y bwrdd i gael llonydd. Dwi'n gorwedd ar lawr ac yn sylwi ar y neges sydd wedi'i rhoi yn rhodd i mi ar waelod y bwrdd. Y neges sy'n cadarnhau mai fel hyn oedd hi i fod. Dwi'n cau fy llygaid ac yn clywed y neges mewn mwy o fanylder.

Dwi'n cofnodi'r cyfan ar bapur trwy eiriau a lluniau ac yn trysori'r creadigrwydd.

rhybuddio na all hunandosturi gynnig lloches

Dro Foryd, Caernarfon

Dwi'n ei gweld hi'n pwyso ar y wal, ei sgarff hi'n chwythu o'i chwmpas. Mae ei gwallt tywyll hi'n codi'n gymeradwyaeth o amgylch y sbectol haul fawr. Mae hi'n aruthrol o hardd fel y ferch y sylwais i arni mewn sgwâr yn Fenis yn ddeunaw oed. Does ganddi ddim ofn tynnu sylw a dwi'n chwerthin wrth i ddynion moel gloffi wrth ei phasio.

Wrth fy ngweld i'n croesi'r bont mae yna wên yn torri ar yr wyneb cynnes, digon i mi gael cip ar ddannedd da. Mae hi'n croesi'r ffordd heb orfod edrych am geir a'r ddwy law yn gwahanu bob ochr iddi. Y ddwy law gadarn ar y corff tenau, tal.

Dwi'n arafu 'ngham jyst digon i deimlo'r egni rhyngom ni o bell, yn gwybod fod yna gyswllt tu hwnt i ddeall. Mae cof laid, heb fod yn ry hir, ac yna mae'r ddwy ohonom ni'n plymio i sgwrsio sydd heb ragymadrodd tywydd na theulu na gwaith.

Trwy'r cyfan, mae'r môr yn lluchio'i sawr i'n hannog ni i gofio fod yna gysondeb a chysur, fod yna ofal a digonedd a chariad di-ben-draw. Heb seibio, mi daflwn ein golygon at Sir Fôn ac Eryri cyn codi mwy o flew strae straeon sy'n llawn clymau.

Mi ges i'n nhynnu yn reddfol at hon. Ei harddwch hi,

y seibio gofalus a'r huodledd wrth iddi lithro fymryn am i lawr yn ei sedd cyn siarad yn fy nghyfarfod cyntaf un. Mi sylwes i ar ei dwylo'n gwasgu am ei gilydd, yn tylino wrth iddi gofio poen y gorffennol; yr yfed, y creulondeb a'r llwgu. Mae hi'n fy atgoffa i o Nain, o Anti Ysgol Feithrin a phob dynes arall sydd wedi fy hudo efo caredigrwydd.

Y noson honno, trwy ddagrau o ofn nad oeddwn i'n gwybod pwy oeddwn i, y dois i weld bod yna adlewyrchiadau ohona i fy hun ymysg y criw mewn cylch. Mewn festri eglwys, mi ges i gip o sut allwn i ddod o hyd i ofod saff i gychwyn eto. Yn symlrwydd *Serenity Prayer*, mi gyflwynwyd y syniad nad oedd gen i reolaeth a bod rhaid i mi ollwng gafael, 'mod i wedi trio fy ngorau ond 'mod i wedi rhoi dan bwysau'r twyllo a'r beio.

Roedd hi wedi hoelio fy sylw efo'i llygaid gleision llachar. Wedi 'ngorfodi i deimlo yn hytrach na deall fod yna dynerwch yn cuddio ym mhob man. Roedd yna ddagrau yn hel yn ei llygaid wrth i mi restru colledion ond mi sylwais ar ei hysgwyddau hi'n sythu'r mymryn lleiaf. Yn rhybuddio na all hunandosturi gynnig lloches.

Mi synhwyrais i'r ddawnswraig ynddi hi. Yr un oedd yn troelli yn ei phlentyndod ar draeth yn Jersey, yn ysgwyd ei chorff i deimlo, yn gwrthod ynysu yn ei hofn. Ac wrth ffeindio fy llais yn y cylch, yn rhestru mewn llais tawel – yr arestio, y colli, yr anobaith – mi sylwais i ar ei gwrando. Gwrando efo dyfnder. Roedd hi'n cau ei llygaid i glywed mwy pan oedd fy straeon yn ddim ond parablu blêr.

Mae hi'n brasgamu, yn datgan yn glir fod angen dychwelyd i slot nofio'r pwll awyr agored ar y maes carafannau o fewn yr awr. Wrth ei chlywed hi'n disgrifio'r egni yn chwalu yn oerni'r pwll, dwi'n gwneud addewid i mi fy hun na fydda i'n gadael ofn pwll nofio drewllyd yr ysgol uwchradd fy rhwystro rhag ffeindio'r heddwch hwn.

Mae ei brys hi'n gneud i mi golli 'ngwynt wrth gyfieithu yn fy mhen stori Blodeuwedd, Cantre'r Gwaelod a'r holl chwedloniaeth mae hi am eu clywed. Mae hi'n benderfynol o ymarfer ei Chymraeg ond mae ei hawch i wybod mwy yn llamu dros yr iaith am y tro.

Dwi'n ei gadael am ennyd wrth sylwi ar fainc wag ac yn sefyll i bwyso ar ysgwyddau'r pren. Fan hyn fuon ni'n eistedd yn y cyfnod clo, yn swatio bob pen i gadw pellter dwy fetr – y fi a'r dyn tyner. Dros baned mi fuon ni'n rhannu atgofion heb gynhyrfu, yn rhyfeddu at y tebygrwydd.

'Dydi hi'm otsh gan Huw dy fod ti'n dod i gyfarfod dyn arall?'

A doedd dim rhaid i mi ateb gan mai sicrwydd perthynas dau mewn cyfeillgarwch oedd hyn. Doedd na'm byd i'w gamddehongli.

Mae'r hiraeth yn gneud mi wasgu'r pren yn dynnach ac mae hithau'n deall.

'Was he one of us?'

Dwi'n ysgwyd fy mhen i gytuno ac mae hithau yn fy nhroi ati hi,

'Let go.'

'But he was sorting things out. It was too soon and he was the same age as me.'

Mae hi'n sythu a chymryd gwynt mawr cyn holi efo gwên,

'Who are you mourning? Him or you?'

Does yna ddim creulondeb yn y geiriau. A dwi'n penderfynu gweddïo a diolch am yr enaid ddaeth fel gwennol i sgwrsio am ofn a phlesio pobl a chuddio. Mi ges i wersi wrth rannu fflasg mewn dau fŷg enamel blêr am wytnwch, am ollwng gafael, am faddau, am drysori cariad, am golli rhyddid a darganfod bod yna lwybrau cerrig gwyn yn ein tywys ni'n ôl aton ni ein hunain.

Dwi'n rhyfeddu sut mae'r cyfarfod prin wedi 'nghymell i deimlo colled fel hyn. Mae ailddarllen ei negeseuon yn dal i 'nghysuro a gweld ei enw yn rhifau cyswllt fy ffôn yn troi unrhyw ofn neu ddrwgdeimlad yn gawod gobeithiol o hadau dant y llew o 'nghwmpas i.

Mae hi'n gwenu a dwi'n synhwyro ei galar hithau yn cyniwair heb i mi yngan gair. Dwi'n mopio at y telepathi rhyngom ni. Mae'n dynwared ei mam yn rhybuddio na ddylai ymarfer ei gallu *psychic*, ei deall cyfrin, oedd yn pasio rhwng merched y teulu, ei harwain ar gyfeiliorn. Wrth i'r ddwy ohonom gymryd ein gwynt 'run pryd, dwi'n deall mai hon ydi'r reddf sydd ynom ni gyd, i glywed lleisiau heb iaith.

Mae yna gyd-gamu tawel yn rhoi lle inni ryddhau'r boen. Does yna ddim chwithdod o fod angen llenwi'r bylchau efo sgwrs wag ac mae'n cotiau glaw ni'n rhoi'r byd yn ei le.

Mi yden ni'n cael cip ar grëyr glas ac yn llonyddu. Dwi'n cofio sylwi go iawn ar grëyr glas am y tro cyntaf wrth fytheirio mewn ciw ar groesffordd Pontrug, yn hwyr i 'ngwaith. Mi oeddwn i wedi deffro efo'r trymder cyfarwydd, yn chwerwi wrth i bob dim fynd o chwith mewn bywyd oedd yn llawn llwyddiant o sbio o'r tu allan. Mi hedfanodd o'n isel ac aros i mi ei gydnabod yn iawn, cyn hofran yn ôl ac ymlaen yn ddigynnwrf ar hyd yr afon. Roedd o'n fawr, yn heglog ond yn urddasol ac mi gysylltodd efo'r llonyddwch tu mewn i mi. Mi ddalltes fod yna rin mewn hofran yn yr eiliad honno. Ddaeth bîb corn i 'nychryn, i 'ngyrru ymlaen a chadw at sgript y bywyd prysur, llawn twyll theatrig.

Wedi hynny, daeth y crëyr i hawlio sylw ar do Spar Aberdaron ond mi oeddwn i'n rhy brysur yn mygu poen i glywed ei alwad o. Yn datgysylltu fy hun o'r heddwch wrth bwyntio bys a gwylltio, yn anwybyddu rhybuddion 'mod i'n crwydro'n rhy bell ohona i fy hun.

Roedd y to sinc yn matsio'i blu o'n berffaith, yn cynnig gwers am fentro tu hwnt i'r cyfarwydd ond yma ar y tywod gwlyb, mae o'n llatai gan y dyn tyner a phwyllog i ollwng gafael ac ymddiried.

Mae'r tŷ melyn blêr ar y Foryd yn dod i'r golwg a dwi'n ei edmygu am ddal i fynd efo'i do fflat a'i estyniadau mympwyol, hyll. Mae yna olau wedi'i gynnau tu ôl i'r bleinds cam er ei bod hi'n olau dydd. Dwi wedi creu stori i'r preswyliwr unig ond mae'r ddau gar tu allan yn codi dau fys ar fy nychymyg i. Mae'r landeri melyn llachar yn fy atgoffa o sylwadau Dad, 'paent cyngor 'di ddwyn 'di hwnne' ond dwi ddim yn caledu nac yn beirniadu.

Mae yna law trwm yn dod o nunlle a'r codi hwds yn tarfu ar lif y sgwrsio. Daw Eglwys Llanfaglan fel syniad da ac mae'r llwybr trwy'r cae ŷd yn tawelu ein traed.

Wrth agor y giât i gofiaid wal y fynwent, mae hi'n cael ei thynnu at sypiau newydd o flodau. Dwi'n ei dilyn ond yn gadael lle. Mae hi'n penlinio ar y gwair ac yn estyn am y garreg fedd. Mae'r brys am y nofio wedi mynd a dwi'n teimlo ei negeseuon hi'n treiddio trwy'r llechen. Mae'r canolbwyntio yn codi cur a dwi'n crwydro.

Mae yna fwnsiad o garnations glas, annaturiol yn cario cerdyn a'i neges am brynu peint a rhannu smôc tu allan i'r Eagles yn gwneud i mi deimlo'n braf. Mae'r llawysgrifen yn blentynnaidd, yn gymysg o lythrennau breision wedi colli eu ffordd. Mae'r cerdyn arall mewn Saesneg i'r Taid Cymraeg.

Dwi'n dechrau cynllunio sut alla innau gael fy nghladdu yno. Dwi'n ystyried sut mae ymaelodi efo'r eglwys ac yn dechrau poeni'n wirioneddol a fydda i'n marw'n rhy sydyn i gael hawlio plot? Ydi hi'n eglwys Gymraeg ei hiaith ac alla i blygu i dderbyn bod yn rhan o Eglwys Lloegr yng Nghymru? Ydw i hyd yn oed yn Gristion neu ydw i'n hapus yn derbyn rhyddid bywyd ysbrydol heb label crefydd? Be ydi cred a sicrwydd ffydd? Cwestiynau yn berwi'n swnllyd.

Mae yna chwerthiniad yn hytrach na cherydd yn cyniwair ynof i a dwi'n teimlo rhyddhad o sylweddoli 'mod i'n gwella. Nid y gwella o beidio yfed ond o gydnabod fod yna wella yn dod o dynerwch. O beidio poeni am beth mae pobl na theulu na ffrindiau yn ei feddwl. O siarad gofalus a dangos tynerwch ata i fy hun.

Agora ddrws yr eglwys heb drafferth ac mi yden ni'n eistedd gyferbyn â'n gilydd i wrando ar y llonyddwch. Mae yna lymder annisgwyl sydd yn hawlio mwy o ddagrau o rywle dwfn tu mewn i mi. Dwi'n teimlo egni yr hen le yn gofyn am adael y meddwl prysur yng ngheg y drws. Mae yna olau haul ar y llawr anwastad yn ein galw ni'n ôl allan. Dwi'n codi'n anfoddog ond yn gwybod y bydd hwn yn dod yn lloches eto ar gyfer y dyfodol.

Mae hi'n cofio pader ei phlentyndod ac yn sôn am alwad cyson ei mam i ofyn am gymorth y Forwyn Fair. Mae hi'n ei ailddweud, yn chware efo sŵn y Forwyn Fair. Mae hi'n croes-gyfeirio at ei Ffrangeg a'i Lladin, yn eu pasio'n fwclis yn ei meddwl, cyn derbyn bod y sŵn yn ddigon.

'Gosh! The swimming!'

Mae yna frys yn ei harwain yn ôl at y ffordd cyn chwerthin o gyrraedd y tarmac,

'It isn't the end of the world is it? I could always go into the sea!'

Wrth ddod i olwg cwch pren y *layby*, mae'r un atgof cyfarwydd yn drydan trwydda i. Picnic cyntaf fy merch fenga yn llai nag wythnos oed yn haul cynnes Mawrth. Cofio'r cariad tuag ati hi a'i chwaer fawr flwydd a hanner yn fy llenwi â chysur bod yn fam. Yn teimlo fod hyn yn ddigon, nad oedd angen awchu am ddim mwy.

Plygu i eistedd ar lawr heb boeni am graith y geni, yn teimlo cysur na fydd fy nghyntaf-anedig byth yn unig blentyn. Deall ar yr un pryd nad ydi bywyd yn symlrwydd brechdanau sgwâr heb grystyn. Gwenu wrth weld Mam yn estyn ffrwythau a chacennau o fasged efo'i chadach sychu llestri yn orchudd fel tasen ni'n cael picnic yn y cae gwair ar y fferm erstalwm. Y cariad cynnes yn llifo mor rhwydd trwy fwyd.

★★★

Mi yden ni'n troi ein cefnau ar y môr ac mae cysgod y gwrychoedd yn tawelu ein lleisiau. Dwi'n sylweddoli fwya sydyn bod yna ugain mlynedd o wahaniaeth oed rhyngom ni'n dwy wrth iddi hi gofio blwyddyn ei graddio. Dwi'n deall nad amser sy'n rhoi gwerth ond cyswllt o'r galon. Dwi eisiau stopio cerdded a'i chofleidio eto a diolch i'r Forwyn Fair am ddod â ni at ein gilydd ar yr arfordir rhwng ni y tir mawr styfnig a ni hylifog, rhydd y môr. Y Forwyn Fair o eglwys Recsam fy mhlentyndod a'r un o Lourdes fy arddegau, y grymoedd sydd wedi gosod map o ffyrdd, mynyddoedd a threfi i fy nal yn saff.

'We are lucky aren't we?'

'I love spending time with you!'

Cyn mi gael cyfle i boeni a ydi o'n sylw rhy chwithig, mae yna gar yn dod ar ras ac yn chwifio ei regfeydd trwy ffenest. Mae hi wedi dychryn a dwi'n gweld golygfa o'i gorffennol yn ei llygaid. Dwi'n camu allan i ganol y ffordd er mwyn iddi glosio at y clawdd. Dwi'n rhoi fy llaw ar ei braich hi ac yn teimlo'r cryndod. Ac er ein bod ni'n bwrw mlaen i gerdded, dwi'n sylweddoli fod ein hofnau ni'n dwy fel clawr papur sy'n rhyddhau o lyfr clawr caled mwy, yn ein gwahanu ni o'n cryfder.

Yn araf bach, mae hi'n sadio wrth sylwi ar fotwm crys yn tyfu yng nghanol y drain. Mae'r llaw fawr yn gwpan o'i gwmpas wrth iddi ei annerch efo rhyfeddod. Daw y symudiad ag atgof gwers am flasu gwin. O droelli hyd ymyl y gwydr i fesur ei drwch a chofio mor eiddgar oeddwn i i lowcio'r cyfan waeth beth oedd ei rinweddau dirgel. Y cadw llygad i weld a oedd rhywun arall wedi sylwi fod fy ngwydr i'n wag yn rhy sydyn.

★★★

Yn y tro ar gornel berygl, o dan y castell bach, mae hi'n amser ffarwelio. Does yna ddim trefnu 'tro nesa' na sylwebu ar yr hyn sydd wedi bod. Coflaid hirach y tro hwn a chwythu sws heibio rhwystr metel y maes carafannau. Mae hi'n troi am ei charafán. Dwi'n ei gwylio hi'n cerdded yn dalog a gosgeiddig yn union fel y ferch ar y sgwâr yn Fenis.

Dwi'n gweld y dref trwy lygaid newydd – yn mopio ar y lliwiau ac yn teimlo 'mod i'n saff. Dwi'n ddiolchgar, yn falch 'mod i yn union lle dwi fod. Dwi'n cerdded i chwilio am grëyr glas arall ar lan yr afon cyn rhoi stop ar yr angen am gadarnhad.

Dwsin

Dwsin o weithgareddau sy'n fy nhywys at lawenydd

1. Nofio

Mae'r croeso dwi'n ei gael wrth y ddesg yn rhan o brofiad mynd i nofio.

'Gobeithio y gwnewch chi fwynhau.'

Ddim yn y dull Americanaidd cyfoglyd ond mewn dymuniad sbio i fyw llygaid.

Dwi'n cau'r giât a'i chlic drws ffrynt hen ffasiwn ac yn mwynhau gwyrddni'r waliau. Maen nhw'n dawel ac yn dywyll fel gwrychoedd mewn dryslwyn.

Mae angen bôn braich i agor drws y 'stafell newid ac mae yna sŵn ochenaid yn ei ddilyn o. Mae'n fy atgoffa o'r holl droeon dwi wedi ymaelodi â'r gampfa yn y gorffennol. Gaddo ymroi i gadw fy hun yn iach a gwybod nad oedd y rhan fwyaf allweddol o hynny yn perthyn dim i'r defnydd o'r cyfleusterau. Cadw'r addewid am ryw gwta fis ond wedyn parhau efo'r taliadau am dros flwyddyn fel tase hynny'n dangos rhyw hunan-ofal tila, fod yr ewyllys yno ond ddim math o syniad ar sut i wireddu'r ddelfryd o fyw yn ofalgar, o warchod fy hun.

Heddiw, mae gosod fy mhethau, er bod y llawr yn wlyb, yn rhan o ddefod cael amser i mi fy hun. Tydw i ddim yn edrych yn y drych, dim ond clymu fy ngwallt, gwisgo gogyls a nofio dan y dŵr i dorri'r ias lleiaf un.

Mae'r byd yn peidio o dan y dŵr. Dwi'n rhydd. Dwi'n gwenu.

2. Dal yr haul

Munud mae yna lygedyn o haul, dwi'n mynd i orwedd ar soffa yn yr iard gefn. Er 'mod i'n deisyfu am weld mynyddoedd a chael gwair dan fy nhraed, mae'r sgwaryn cysgodol hwn yn hafan na ches i mohono yn nunlle arall. Y tro diwethaf fues i'n gorweddian yma, mi ges i 'nharo gan y syniad fod y bydysawd yn rhoi lle i mi graffu arna i fy hun, nid edmygu'r olygfa. Ac mi weithiodd i'r dim.

Mae yna laswellt dirifedi mewn llefydd eraill yn fy ngorfodi i fynd allan i chwilio amdano fo.

Dwi'n mwynhau cael cip ar sgyrsiau pobl yn pasio yn yr *alley*. Cael golygfa fer o ddrama bywyd dieithriaid heb unrhyw awydd i ganfod pwy ydyn nhw.

Mae Caio yn dod i orweddion efo fi, yn gwybod bod y lle hwn yn fy rhoi mewn hwyliau da. Mae o'n gwasgu ei hun yn agos ata i, yn gwneud sŵn mwmian braf fel tase fo newydd orffen gwledd ac mae ei gynhesrwydd o'n donig. Mae ei gôt o'n cyrlio, eisiau ei thorri, ond ddim fama ydi'r lle i hel pryderon.

Dwi'n edmygu glesni'r awyr. Yn ei ddeall o.

3. Cylchgronau tŷ

Dwi'n eistedd efo paned wrth fy ochr, y cylchgrawn ar fy nglin ac yn gosod cledr fy llaw arno. Dwi'n mwynhau styfnigrwydd y clawr sy'n dyheu i gau yn ei ôl. Dwi'n ei bwyso ar agor a gyrru 'mys yn aradr i'w wahanu. Mae yna ogle papur glân braf.

Mae'r hysbysebion yn hoelio fy sylw mewn ffordd wahanol i gylchgronau eraill. Popeth wedi'i deilwra i edrych ar ei orau, yn ddefnyddiau cyrtens, dodrefn a phapur wal.

Mae yna ofn 'chei di byth mo hyn' ond dwi'n troi tudalen ar y llais. Dwi'n cychwyn ar yr erthyglau sy'n gafael fwyaf – y perchnogion sy'n eistedd mewn ystum anghyfforddus ar fraich soffa ac yn datgan y cariad sydd wedi'i fuddsoddi yn yr adnewyddu. Dwi'n rhoi stop ar y genfigen ac yn camu i mewn i'r llun – yn edmygu'r olygfa trwy'r ffenest, yn tanio'r canhwyllau, yn busnesu trwy'r llyfrau ac yn estyn am fy mỳg o soffa sydd wedi gweld dyddiau gwell yn fy 'stafell fyw fy hun.

Mi fydda i'n bodio trwy'r cylchgrawn am orie eto ac mi fydd yna flynyddoedd yn pasio cyn i mi ei gladdu ym mocs glas yr ailgylchu.

Dwi'n troi yn ôl at gartref newydd ac yn dotio at gyfuniadau lliw. Y dewrder i fynd yn groes i bopeth sy'n matsio; y cymysgu dodrefn, yr arbrofi efo gweadau a'r parodrwydd i wneud mân osodiadau celf trwy bethau bob dydd.

Mae yna gegin eang, Aga a bwrdd i ddeg eistedd yn braf. Rhyw ddiwrnod mi fydda innau yn eistedd o'i gwmpas ac yn croesawu y bobl sydd yn gwybod mai nid yn y byd materol mae mesur beth ydi bywyd da.

4. Chwerthin yn y car

Y tri efo'i gilydd. Pob un wedi pledio ei achos dros gael eistedd yn y tu blaen er mai yn y sedd gefn mae'r hwyl mwyaf. Dwi'n ôl yn fam yn smalio bod tawelwch a threfn yn bwysig ond yn chwerthin efo nhw. Mae yna floeddio miwsig a chanu. Dwi'n tanio'r car ac yn diolch.

Mae'r rhialtwch yn dechrau troi'n daeru a dwi'n cael fy mhennu yn farnwr caredig ar y cyfan. Barnwr sydd yn gwarchod y fengaf waeth beth fo'r dystiolaeth. Mae'r siwrnai fel arfer yn arwain at gaffi neu lan y môr a dwi'n tynnu llun BeReal o 'nghalon. Dwi isio cofio hyn. Yn fama mae popeth o werth.

'Ti'n iawn Mam?'

'Yndw siŵr.'

Ddim yn cuddio dim. Maen nhw wedi sylwi ar y dagrau ond yn gwybod nad oes rhaid ofni'r rhain. Ddim hunandosturi nac ofn sydd wedi'u gyrru nhw ond rhyddhad.

'Gole coch!'

'Shit!'

'Ma hynna'n regi, Mam.'

Ac mae o'n troi at ei chwiorydd yn smalio dychryn efo drygioni ei fam.

'Mooom!' efo acen ffug Americanaidd sydd yn cael ei edliw gan un o'r merched. 'Crazy woman!'

Ond dydi o ddim yn dod o'r egni a fu pan o'n i'n cael fy nghondemnio am orffwylledd go iawn.

'Gawn ni hufen iâ?'

'Cewn.'

Ddim y rhwystrau sy'n mynd â 'mryd i efo'r tri ond y cwlwm tynn wnaeth orchfygu trallod llawer mwy na golau coch.

5. Myfyrio

Er mai dyma'r weithred sydd yn fy rhyddhau o gelwydd fy meddwl, mae yna styfnigrwydd yn cyniwair wrth i mi baratoi i fyfyrio. Mae yna e-byst yn galw, dogfennau Word, cwpwrdd dan grisiau angen ei glirio a gwaelod bin ailgylchu bwyd yn hawlio ei sychu.

Dwi'n estyn am fy ffôn a gosod chwarter awr i sicrhau 'mod i'n ymroi i'r weithred. Dwi'n tynnu fy esgidiau, cau fy llygaid ac arafu fy anadl.

Mae fy nghlust dde yn mynd i grynu, yn gwybod fod yna negeseuon ar eu ffordd ond ddim gan fy meddwl. Mae'r rhain yn dod o ddeallusrwydd ysbrydol y byd sydd tu hwnt i mi. Mae yna hen gnoi wrth i fy meddwl geisio fy maglu.

'Ddim rŵan. Ma gen tithe hawl i ymlacio hefyd. Diolch ti am feddwl amdana i.'

Dwi'n ôl yn rŵan. Mae yna egni yn teithio drwydda i, yn datgelu fod yna fwy o nerth mewn llonyddu na rhuthr prysurdeb bywyd bob dydd.

Mae'r larwm yn canu ac mae'r llais bach yn dychwelyd,

'Fyse fo'm yn sbesial tase ti'n ei neud o hyd!'

'Dydw i ddim am dy anghofio di fyth, fy meddwl bach diwyd i. Mi wyt ti wedi bod mor dda efo fi mewn gymaint o amgylchiade anodd ond tithe'n haeddu nap bach bob pnawn.'

'Ti'n gweld bod yna werth i mi? Mond trio helpu dwi. Ond mae gen ti gymaint o waith i…'

A chyn dechrau adweithio, dwi'n cael cip ar ddwy ddynes hŷn yn cofleidio ar draws y ffordd o ffenest fy swyddfa.

'Dwyt ti'm yn elyn i mi a fuist di rioed. Fy meddwl bach diwyd, gweithgar a thriw.'

6. Rhoi mêc yp

Er bod y crychau ar y llygad chwith yn tynnu am i lawr ac yn cnoi ar grystion caled hen feddwi, dwi'n gallu sbio yn y drych. Mae 'ngwddw i'n prepian yn swnllyd am yr hyn a fu hefyd ond mae gwynder fy llygaid yn cyhoeddi heddwch.

Mae fy merch hynaf a'i ffrind wedi fy nysgu sut i roi mêc yp ac y ddefod, nid y canlyniad, sy'n rhoi gwerth i'r broses. Dwi'n gwasgu fy hun rhwng y toiled a'r báth i graffu'n fanylach. Mae yna fflyff rhydd yn codi oddi ar y llawr yn gweiddi arna i i estyn cadach reit handi ond na, dwi'n dal ati.

Dwi'n mwynhau rhwbio'r hufen yn gyntaf, ac wedyn haenau o hylifau cuddio cochni, llwydni a sbots. Mae'r gweithio systematig o'r bochau, at y llygaid a gorffen efo'r gwefusau yn fy argyhoeddi 'mod i'n ofalgar ohonof fy hun.

Dwi'n edrych ar y cyfanwaith ac yn fodlon tan i mi wenu arnaf fy hun a sylwi ar smyj mascara. Dwi'n ceisio ei godi yn ysgafn ond mae o'n styfnig ac eisiau chwarae mig. Ac ar hynny, dwi'n sylwi bod yna gochni o'r mafon wedi rhewi ges i efo iogyrt i frecwast ar ganol fy ngên.

Dwi'n ei adael o yn ei le yn falch o'r holl amherffeithrwydd. Dwi'n rhoi winc a sibrwd,

'Ne ti braf ydi bod yn ffeind!'

7. Sbio ar Rightmove

Prin iawn ydi'r diwrnodau nad ydw i'n pori trwy hwn, yn amrywio fy nghyllideb yn ôl fy hwyliau. Nid y busnesu sydd yn mynd â 'mryd i ond y dychmygu fi'n hun yn creu cartref. Mae yna dynnu waliau, newid cegin, trawsffurfio'r ardd ac wedyn yr achlysuron o ddathlu, coginio, trafod a gwireddu breuddwydion yn creu cyfres o olygfeydd fy nyfodol.

Mwya llwm ydi'r tŷ, mwya ydi'r hwyl wrth ddychmygu. Ond yn achlysurol mi ddaw cartref sydd yn ennyn sylwadau uchel o 'Waw!' Erbyn hyn does yna neb arall yn codi pen, dim ond deall mai dychmygu cartref sydd yn sbarduno'r sgwrsio efo mi fy hun.

Os nad oes yna dai newydd wedi ymddangos ers tro, mi fydda i'n rhoi cip ar On the Market ond yn amlach na pheidio, yr un tai yn union ydyn nhw.

Dwi'n dal y dychmygu cyn i mi ddechrau chwerwi at fy nghartref fy hun. Mae hwn yn gartref wedi iddo fo fod yn dŷ am gyhyd. Mae yna daclusrwydd a blerwch, moethusrwydd a brychni tamprwydd, lliwiau ac ehangder magnolia.

Y waliau hyn sydd wedi tystio i fy ngwallgofrwydd, fy siom, fy mhoen a fy achubiaeth. Maen nhw'n oddefgar, yn gwybod 'mod i wedi ymdrechu'n galed i gyrraedd fan hyn.

8. Ffrindiau

Mae'r ffrindiau yma yn rhai triw. Yn rhai sydd yn cusanu'n frwd, yn dal coflaid efo llygaid wedi'u cau. Mae yna afael dwylo wrth siarad a chyffwrdd parhaus. Mae yna amddiffyn ac annog a dim ond yn y tywyllwch dyfnaf un y bydd yna gyfeirio at wirionedd efo tynerwch.

Does yna byth holi arwynebol, dim ond dweud beth sydd raid, beth sydd o werth neu fel arall, mae tawelwch yn gwbl ddiogel. Yn eli ar y sylweddoliad ei bod hi wedi bod yn rhy hir ers y cyfarfyddiad diwethaf.

Does yna fyth edrych i fyny ac i lawr i asesu gwisg a thynnu sylw at floneg neu wallt heb ei gribo. Does yna mond cariad sy'n tynnu dagrau fel sŵn môr mewn cregyn, yn gwybod fod yna lanw a thrai ym mywyd pawb.

Mewn angladd, mi yden ni'n tynnu at ein gilydd, yn deall na all dim chwalu y cariad hwn.

9. Orielau celf

Mewn orielau dwi'n gwagio fy hun o ofid. Yn gadael i'r ofn lithro i mewn i'r celf a chael ei harddu. Mae llymder y waliau o amgylch y gwaith yn cynnig gwasanaeth cymun, yn fy mhuro a rhoi awch am fyw yn ôl y creadigrwydd ac nid y gwagleoedd.

Dwi'n dotio at y bobl sydd yn oedi a gwyro'u pen, yn ceisio hudo'r ystyr i ddod i'w ddatgelu ei hun.

Mae yna ysfa i gyffwrdd yn fy ngorfodi i ddal fy nwylo tu ôl i 'nghefn.

Pan ddaw yna blant i lenwi'r gofod efo'u sŵn, dwi'n croesawu grym yr artistiaid byw sy'n tasgu eu creadigrwydd tu hwnt i'r fframiau.

Ac erbyn hyn, dwi'n dallt bod oriel natur ar agor drwy'r amser ac mae hi'n dod heb reolau, heb raffau i rwystro cyffwrdd. Mae'r oriel oddi mewn i mi hefyd wedi dechrau curadu ei chasgliad ond tydi hi ddim ar agor i'r cyhoedd eto.

Dwi'n credu yn y celf, yn yr harddwch sydd ym mhawb. Dwi'n tristáu pan fo pobl yn gwadu ei fodolaeth ac yn gyrru gweddi dawel yn gobeithio y cawn nhw gip ar eu creadigrwydd rhyw ddiwrnod.

10. Darllen

Mae darllen wedi fy nghynnal trwy bopeth. Mae llyfrau yn cynnig lloches. Dwi'n cofio bod mewn cyfarfod deuddeg cam a merch yn rhannu mai ei hail ddibyniaeth wedi siwgr oedd llyfrau.

Roedd y syniad yn wrthun i mi tan i mi bwyllo a chofio y gallwn i ddiflannu am orie mewn llyfrau. Roedd yna *werth* i'r diflannu. Roedd yna ddrws yn agor allan i'r byd ond a oedd o'n ffordd o osgoi fy hun, o guddio rhag eraill, o ddileu ofn fel gydag alcohol?

Tydw i fyth eisiau cefnu ar lyfrau. Dwi'n cysgu'n well yn gwybod fod yna bentwr o lyfrau sydd wedi fy nghysuro o boptu fy ngwely.

Dwi'n cofio merch yn anfon llyfr i mi, y llyfr ddysgodd i mi feithrin cariad at y sensitifrwydd eithafol sydd y tu mewn i mi.

Tydw i erioed wedi bradychu unrhyw lyfr. Dim ond llond llaw rydw i heb eu darllen yn gyflawn. Dwi'n awchu amdanyn nhw, yn eu cario efo fi er 'mod i'n gwybod na cha i gyfle i'w hagor.

Unwaith y bydd llyfr yn cydio, dwi'n ei arddel efo pawb, yn ei gynnig ar daith i estyn gofod i dyfu.

Dwi'n gwybod fod llyfrau yn fwy nag allwn ni fyth ddychmygu a bod pob un yn cynnig profiad unigryw, yn rhodd i agor drws ar fyd ehangach. Diolch i'r holl lyfrau ddangosodd nad oedd rhaid i mi wynebu fy unigedd ar fy mhen fy hun.

11. Siopau elusen

Mewn siopau elusen dwi'n cael fy adfywio. Dwi'n cael sbardun i fy nychymyg. Ddim i berwyl ymarferol fydda i'n mynd yno ond i lenwi byd o ffeindio cyswllt efo unigolion sydd wedi gollwng eu gafael ar eu heiddo.

Mae hi'n llawer haws gen i ffeindio cyfeillion yma nag ydi hi mewn bywyd go iawn. Tydi'r rhain ddim yn fy asesu nac yn fy nghwestiynu am fy syniadau rhyfedd. Ac wrth bori, mae yna sgyrsiau yn codi efo pobl go iawn am atgofion a hanesion sydd wedi'u tywys nhw yno.

Mae yna lesni mewn siopau elusen sydd yn ddyfnach na newydd-deb dillad a gwrthrychau y siopau go iawn.

12. Rhaglen deuddeg cam

Mae fy rhaglen deuddeg cam wedi rhoi bywyd newydd i mi. Feddylies i erioed fod yna ddeuddeg awgrym yn gallu fy llywio at ddiogelwch, at feithrin ymwybyddiaeth ohona i fy hun, at roi hyder i mi ymchwilio i fy ngorffennol efo gonestrwydd ac i adeiladu dyfodol un diwrnod ar y tro.

Dwi'n gwybod mai yn y cyfarfodydd hyn dwi'n diosg fy

ofn, yn wynebu yr anghyfforddusrwydd er mwyn ei ddeall ac yn dysgu o weld fi fy hun yn eraill.

Roeddwn i ofn y llefydd hyn ond lloches wnes i ei chanfod fel lle tân efo Nain yn syllu ar y fflamau ac yn gwybod na cha i fy llosgi.

dwi'n teimlo dagrau yn pigo o'r wers
bod yna harddwch wastad wrth bwyllo

Lleisiau

Mae hi'n fore Sadwrn a minnau yn mynd â Caio dros Raber i redeg ond yn awchu mwy am gyfle i ollwng fy meddyliau prysur i gael rhuthro drwy gloddiau'r cae eang allan am y môr.

Does gen i ddim i boeni amdano ond mae'r hen bryder, yr hen ofnau yn chwarae mig a chael blas ar godi amheuon 'Wyt ti'n siŵr... se'm yn well... be os...' Dwi'n dweud yn uchel 'Stop!' ac am unwaith mae Caio yn eistedd yn stond ac yn edrych i fyw fy llygaid. Does gen i ddim *treat* yn wobr iddo fo ond dwi'n ei ganmol yn frwd ac mae o'n codi'i ben yn falch.

Wrth i Caio laru ar y brolio a bwrw yn ei flaen, dwi'n sylwi ar gwpl yn cymryd eu hamser i ddod o'u car moethus. Mae yna olwg bodlon, wedi cyrraedd lle braf yn eu bywydau arnyn nhw neu efallai mai newydd ddod trwy gyfnod anodd maen nhw ac yn blasu'r rhyddhad. Dwi'n dotio at wallt y ddynes, lliwiau tawel a chwaethus ei dillad a'r dyn yn dal ei hun yn gwybod fod ei harddwch yn dal heb ei adael.

Dydi'r car ddim yn newydd ond mae clep gadarn y drysau yn cyhoeddi fod yna ofal wedi mynd i'w ddylunio. Maen nhw'n edmygu'r olygfa wrth gau eu cotiau a dwi'n falch drostyn nhw fod yr awyr las yn dangos y dref ar ei gorau. Maen nhw'n symud at flaen y car mewn corcograffi perffaith a dwi'n dychmygu bod y ddynes yn ddawnswraig ac yntau'n ŵr busnes llwyddiannus. Dwi'n gwawdio fy hun am fod mor ddilornus o statws y wraig, yn dadlau dros y celfyddydau yn ateb, yn argyhoeddi nad oes dim yn fwy aruchel na'r ddawn i gyfathrebu yn osgeiddig efo'r corff.

Maen nhw'n nesu ac yn hŷn nag oeddwn i wedi'i ragweld. Mae'r dyn yn rhoi nòd i 'nghydnabod ond mae'r ddynes yn gloywi wrth edmygu Caio. Dwi'n cymryd mai labradors sydd ganddyn nhw adre yn eu tŷ Sioraidd. Fod yna rywun yn galw heibio i fynd â nhw am dro tra bod y ddau wedi dod am noson i gael gwynt y môr o ochrau Amwythig.

Mae'r cŵn yn cysgu yn y *boot room* ond yn cael crwydro fel fynnan nhw yn ystod y dydd. Mae yna ddwy fasged ym mhob cornel a hen glustogau wedi'u hembroidro yn cynnig gwlâu cysurus. Mae'r dysglau potyn, i fwydo'r cŵn, yn matsio'r teils cochion Rhiwabon sydd ar lawr ond fydd yna neb yn trafferthu cau y cyrtens trymion sydd wedi eu clymu'n wên lydan i'w lle.

'And who's this gorgeous little chap?'

Dydi Caio ddim fel arfer yn closio at unrhyw un sydd am ei anwesu ond mae'r ddynes yn plygu ar ei chwrcwd ac yn estyn llaw iddo heb ddisgwyl dim. Mae o'n gwthio ei drwyn yn ei flaen heb fentro symud ei gorff ac mae'r ddynes fel delw yn moesymgrymu o'i flaen. Mae ystum ei llaw, efo'r fodrwy briodas syml, yn gweddu i ddawns Swan Lake. Yn llawn ystyr ond eto'n gynnil, yn dangos ôl blynyddoedd o ymarfer wrth y *barre*.

Erbyn hyn, dwi innau ar fy nghwrcwd, yn teimlo'n

saff yn un o'r drindod. Mae Caio'n symud ymlaen ac yn cyffwrdd bysedd y ddynes cyn mynnu bod ein siwrnai ni'n parhau.

Dwi eisiau egluro pa mor arbennig yw hyn, nad yw'n arfer ymddiried ond mae'r ddau wedi bwrw yn eu blaenau, yn pwyntio am y gorau at ryfeddodau'r castell. Dwi'n teimlo siom am y diffyg sgwrs fel nad ydw i wedi gallu cynnal y foment ond mae Caio wedi deall ei fod yn closio at y cae. Mae'n tynnu gyda phenderfyniad llacio corcyn o botel win fy ngorffennol.

Mae'r cae yn wag a Caio'n eistedd yn ufudd i gael ei ryddhau. Dwi wedi mentro efo taflwr pêl newydd ond yn gollwng y bêl tu ôl i mi yng nghanol y drain a Caio mewn dryswch. Dwi'n chwerthin ac yn mwynhau'r crensian dan fy nhraed ac yn falch o weld peli eraill wedi hel yno. Dwi'n ystyried eu codi nhw ond yn atgoffa fy hun fod gen i ddigon o bopeth. Nad oes yna gynni o fath yn y byd. Dwi'n ochneidio mewn rhyddhad a thaflu'r bêl yn llwyddiannus y tro hwn.

Dwi'n sylwi ar y blodau menyn yn dod i'r golwg trwy'r gwair. Mae'u blaenau oren yn agor fel ceg cywion bach newynog am y gwanwyn. Dwi'n cerdded o'u cwmpas, yna'n teimlo'n euog am sathru yn ddifeddwl ar y gwair. Mae yna wlith wedi'i ddal ar y gwair, yn dlysni mwy na'r melyn. Dwi'n teimlo dagrau yn pigo o'r wers bod yna harddwch wastad wrth bwyllo, wrth glosio at y ddaear.

Dwi'n cofio'r cymeriad y gwnes i ei dychmygu ar gwrs yn Nhŷ Newydd gan Rhiannon Ifans. Daeth Gwlithen yn fyw wrth wrando ar Rhiannon yn ein tywys, yn gyfarwydd heb ei hail, trwy gyfoeth y Mabinogi. Roedd Gwlithen yn ei hwythdegau a'i gwallt gwyn yn pantio'n rhaeadr am ei hysgwyddau. Roedd hi'n difaru, yn digio bod ei dant wedi mynnu dal ei thafod ond ddim am wneud hynny mwy. Y bore hwnnw, roedd hi wedi gadael trwy ddrws ffrynt y fferm a cherdded yn droednoeth dros y gwair gwlyb am y mynyddoedd. Fyddai hi byth yn difaru eto nac yn gwrthod ymateb i'w greddf. Roedd y gwlith wedi iro'r ysfa i dorri'n rhydd.

Pan ddaeth hi adre a phawb yn dal yn eu gwlâu, mi dorrodd hi'r arwydd yn rhydd o'r giât efo llechen oedd wedi disgyn o grib y wal. Doedd hi ddim am fyw yng Ngwastad Faes mwyach. Gwêl y Mynydd fyddai'r enw newydd. Roedd hi eisiau teimlo angerdd y creigiau a llif y nentydd yn gwasgu eu ffordd trwy'r brwyn yn lle trefn fflat y caeau heb wrychoedd.

Roedd yna rywbeth am Dŷ Newydd yn sgota syniadau oedd wedi ceisio llonyddu ar waelod pyllau tywyll. Roedd y cinio maethlon, y bwrdd bwyta eang yn tynnu pawb at ei gilydd er bod yna rai yn methu gollwng swildod yr amau eu creadigrwydd.

Roeddwn i wedi bod yna droeon ac yn teimlo'r nerth o arafu mewn diogelwch. Yn meddwi ar y llyfrgell a'i thriciau taflu sain rhag i syniadau fynd yn sownd ar donfedd ry syth. Yn teimlo'n braf efo pobl sydd yn dal dyheadau dwfn o ddychmygu ynghyn o hyd.

Mae yna ferched yn llenwi'r llyfrgell i wrando ar Rhiannon ac mi ydw i'n closio atyn nhw i gyd. Mae amser yn mynd fel y gwynt a phawb yn annog ei gilydd i barhau.

Dwi'n addo i fwrw iddi, i ddod â Gwlithen yn fyw trwy brism ei deall y gall fod yn fwy ond mae bywyd yn llyncu'r addewid am y tro.

Mae Caio'n dod i lyfu fy llaw i alw am daflu pêl eto. Dwi'n plygu i sgwrsio, i fwytho'r blew golau ac mae o'n gwyro ei ben i un ochr yn gwybod bod fy mhen i'n ferw. Dwi'n addo peidio mynd yn ôl i ddryslwyn syniadau ac yn taflu'r bêl yn gryman uchel ac mae yntau'n neidio i'w dal ac yn penderfynu gorwedd a mwynhau ei lwyddiant heb ddychwelyd ata i.

Dwi'n anadlu'n ddyfn ac edrych draw am Sir Fôn. Mae'r tai cymesur gwyn yn dod â theimlad braf o symlrwydd lluniau fy mhlentyndod. Does yna fyth geir na phobl yn dod i'r golwg yn yr olygfa hon fel pe bai'r ynys yn gofyn am ei llenwi gan fy nychymyg. Mae o'n ddarlun llonydd yn cymell i mi sadio a dwi'n codi bawd. Mae yna redwr yn pasio mewn *high viz*, yn sylwi ar yr ystum ac yn gwenu'n chwithig, wedi cael ei ddal yn dyst i rywun mae o'n ei weld mewn cyfyngder. Mae o'n methu stopio ac yn dal i symud ei goesau rhag cyffio ac efallai yn gweld nad ydi codi bawd yn fawr ddim o'i gymharu â'i symudiadau heglog o'n ei unfan. Dwi'n codi bawd yn uniongyrchol arno fo y tro hwn i ddangos nad oes yna unrhyw ddrwgdeimlad ac mae o'n taflu gwên arall wedi dychryn cyn rhedeg yn gynt o sefyllfa anghyfforddus. Ond dwi eisiau rhedeg ar ei ôl a'i sicrhau mai gwella ydw i, na fues i erioed cystal ac nad oes raid iddo fo ysgwyddo'r pryder.

Dwi'n gosod y tennyn yn ôl ar goler Caio rhag iddo fo ddianc at y cŵn sydd newydd gyrraedd. Dydi o ddim yn protestio a ffwrdd â ni drwy'r giât mochyn am y dŵr. Mae'r ffens wedi gwyro i wrando ar y môr a'r tarmac yn bolio fel tase'r twrch daear wedi torri o'r cae.

Mae yna grëyr bach gwyn yn llonydd wrth ymyl y dŵr a Caio yn eistedd wrth i mi fynd ar fy nghwrcwd ato fo. Mae o'n rhoi llyfiad drewllyd i fy moch ond dwi'n diolch ac mae'r crëyr yn codi.

Mae yna sŵn hofrenydd yn tarfu a dwi'n methu ei weld. Mae o'n dod i'r golwg ac yn cael ei dynnu am y mynyddoedd. Dwi'n tristáu, yn dychmygu'r ddamwain. Mae yna rolyn papur toilet o atgofion yn agor a dwi'n cofio ffrind yn mynd i chwilio am ei gŵr oedd wedi'i gludo gan yr ambiwlans awyr. Y nyrs yn drysu rhwng dau ffarmwr ac yn cynnig gobaith. Ond mae'n cael ei harwain at ddrws arall a gweld mai'r gwir oedd bod ei gŵr hi'n prysur fynd, yn diflannu.

Y golled yma oedd yr un gyntaf i fy llorio'n annisgwyl. Roedd yna gymaint o gadernid, o anwyldeb, o chwerthin yn y dyn mawr a thyner. Doedd o ddim i fod i fynd. A'r angladd yn dod â'r pentref i stop, yn llonydd o golli rhywun oedd yn rhan o'r tir. Ei enaid o siglodd y cerrig yn y cerflun ar noson gynta Huw a minnau.

Mae yna bicyp yn canu corn a dwi'n codi llaw rhag ofn heb wybod i sicrwydd mai i mi oedd y cyfarchiad. Dwi'n trio creu cysylltiad ac yna'n sylwi ar ffermwr yn y cae yn codi polyn i'w osod yn ei le. Dwi'n cysuro fy hun bod codi llaw wastad yn well na difaru.

Mae fy ffôn yn ysgwyd a neges gan y merched yn dymuno'r gorau yn 'Steddfod yr Urdd i fy mab. Dwi'n edrych ar fy watsh a sylwi y bydd y pêl-droed yn dod i ben a bod angen brechdan cyn brysio i 'Steddfod Sir.

Dydi Caio ddim yn gweld gwerth i gôr adrodd na llefaru ac mae o'n tynnu'r tennyn yn styfnig am yn ôl. Mae'r coed yn y parc fel gwallt gwyllt sydd llawn clymau a dwi'n dotio at y moelni a'r gwanwyn yn tynnu mor gryf. Dwi'n atgoffa fy hun i drio sylwi ar y blaguro, i dystio i'r trawsnewid ond yn gwybod fod yna gymaint yn mynd â fy sylw nes ei bod hi'n haws ac yn gleniach coelio yr aiff o'n angof.

Mae Caio'n rhoi'r gorau i ddigio ac yn camu'n daclus wrth fy ymyl. Mae o'n troi i weld ydw i'n sylwi ar y cydymffurfio ac mae 'ci da' yn dod yn ateb. Mae yna fag du yn llawn baw ci wedi'i ollwng yn flêr wrth y bin cyn cyrraedd y bont. Dwi'n oedi, yn bwriadu ei godi, ond yn gweld mai diffyg lle yn y bin nid blerwch sydd wrth wraidd hyn. Dwi'n gwybod fod yna fin arall heibio'r bont ond mae meddwl am glywed ogle'r baw a hwnnw ddim yn perthyn i Caio yn codi pwys arna i. Mae Caio'n fy nhynnu o fy mhwyso a mesur diflas wrth iddo fo sylwi ar gŵn eraill yn dod i'n cyfarfod.

Dwi'n dal i ddilyn cyfarwyddiadau'r cyfnod clo, yn gwyro i'r chwith at fwth rheoli'r bont. Mae'r bont wedi bod ar gau am gyfnod maith ac mae cael ei chroesi heddiw yn teimlo'n arbennig. Dwi'n edmygu ei chynllun a'i gallu i darfu gymaint ar bobl y dref. Dwi'n dychmygu mai hi sy'n dewis pryd i styfnigo a rhoi stop ar lif pobl afon Seiont, nad ydi'n rhoi croeso i bob cwch sydd yn rhy fawreddog a'i bod wastad yn rhoi winc i'r cychod bach sy'n croeso oddi tani'n wylaidd.

Mi ydw i'n cael lle i barcio yn ddidrafferth i fynd i'r 'Steddfod ac yn cael mwy o amser i deimlo'n chwithig yn y bwrlwm. Mae fy mab yn gynnwrf ac yn rhedeg yn wyllt ar y gwair tu allan efo'i ffrindiau. Mae'r rhieni eraill yn falch o'r cyfeillgarwch a dydi'r cystadlu ddim yn amharu ar yr anwyldeb rhwng pawb.

Does yna ddim llygaid beirniaid, dim ond ffrindiau o 'nghwmpas ac mae gen i hyder i fynd i giwio ar ben fy hun am baned. Mae yna rai merched yn syllu am ormod o amser ac ambell wên ffals yn gwneud i fysedd fy nhraed wingo ond dwi'n cofio anadlu a chwythu trwy welltyn dychmygol yn araf am fy nhraed ac maen nhw'n teimlo'r awel ac yn ymlacio. Mae'r baned yn dda a'r sgwrs yn un gynnes efo ffrind sydd yn gadarn yn ei charedigrwydd.

Mae'r parti yn llefaru yn berffaith i ni'r rhieni ond mae'r beirniad yn gweld gyda sbienddrych craff ac yn dewis naturioldeb annwyl plant Pen Draw'r Byd. Does yna ddim chwerwi ymysg neb ac mae'r plant yn sgwrsio am y gorau am gystadlu eto. Mae un o'r merched o'r parti yn mynd i longyfarch y parti buddugol heb i neb borthi a dyna ydi'r wobr orau.

Mae lleisiau fy mhen wedi llenwi'r diwrnod, wedi cystadlu ym mhob cystadleuaeth yn 'Steddfod fy meddwl ac wedi cael cam gan y beirniad mwyaf llym erioed – fi'n hun. Dwi'n cofio cyngor doeth gan ymarferydd somatig i deimlo trwy'r corff nid trwy'r meddwl ac i edrych o 'nghwmpas fel aderyn yn dewis lle i lanio.

Mae cofio amdano, a'i symlrwydd yn argymell creu defodau i dawelu'r meddwl, yn chwalu cymaint o bryderon.

Dwi'n sylweddoli nad ydw i wedi nofio ers bron i bythefnos ac yn codi ar fy union i nôl fy mag.

★★★

Mae cyrraedd y 'stafell newid efo'i gwres a'i theils gwlyb yn fendith. Dwi'n plymio i'r dŵr ac yn nofio dan yr wyneb fel nad oes lle i ferw'r lleisiau. Mi ydw i'n teimlo cynhesrwydd fy ffrind sydd wedi fy nysgu i fagu dewrder i fentro o dan y dŵr wrth fy ymyl efo 'Hei, ma gin ti *stroke* neis rŵan!'

Dwi'n mynd i'r 'stafell llawn stêm ac yn sylwi am y tro cyntaf ar y llinyn coch mewn argyfwng. Mae yna gefnogaeth heb i mi ddeall. Dwi'n gallu aros yn y gwres heb dagu am amser hir. Mae dŵr y pwll yn oer, yn gyllell wedi'i hogi i dorri'r gor-feddwl yn fân.

Erbyn i mi gyrraedd adre, mae gen i dawelwch sydd yn rhoi 'stop' ac yn gosod tennyn ar fy meddyliau rhag iddyn nhw redeg yn rhydd.

Dwi'n smwddio, yn yfed paned a mwytho Caio sydd yn gorwedd yn braf. Ei gorff yn gollwng gafael i symudiad y diwrnod a phob llais wedi'u taflu yn beli i ddrain o'r golwg.

hon ydi'r daith i brofi 'mod i'n ymddiried ynof fy hun

Canada

Gwlad lle oedd yna deulu, lle oedd yna bobl wedi mynd i chwilio am fywyd gwell. Gwlad o addewidion.

Dwi'n gorweddian yn yr haul yn gwneud fy ymgais orau un i dorheulo. Mae'r haul yn danbaid am bedwar diwrnod, yn dywydd sy'n dod â fi at heddwch, fel arfer. Ond dwi'n methu gollwng gafael ar yr ofn.

Mae o fel llanw y Fenai, yn anwadal, yn ffyrnig, yn dwyllodrus.

Mae yna negeseuon yn fy annog i *anadlu*, i *ddaearu*, i *dderbyn be ddaw* ac i ildio i'r sefyllfa. Eraill yn proffesu i *wybod* y bydda i'n teithio ac aros yn y Chelsea Hotel yn Nhoronto.

'Fatha cân Bryn Fôn, de Mam.'

Dydw i ddim yn egluro mai yn Efrog Newydd oedd y gwesty hwnnw. Dwi'n mwynhau clywed fersiwn fy mab o gyswllt y byd.

Mae yna gymdoges yn holi am Ganada wrth ddyfrio ei phlanhigion a dwi'n cloffi ynglŷn â pha fersiwn dwi angen ei rhannu. Mae'r ofn wedi chwyddo'r stori yn rhy sydyn fel blodau drwy *plant feed* siop bob dim Stermat. Mae hi'n fy atgoffa nad oes rhaid cychwyn yng ngwraidd y stori, fod fersiwn y deiliach sydd wedi blaguro ohoni yn fwy na digon. Mae ei hanwyldeb a'i gofal o'r ardd yn dangos ffordd well o fyw na thrwy orbryder fy meddwl. Mae'r can dŵr yn wag yn ei llaw, a dwi'n dychmygu mwy o ddŵr yn tywallt wrth gael ei ysgwyd gyda llif ei chyngor. Dwi'n sadio, yn gadael i'w rhesymeg wlychu llwch statig fy ofnau i ludo i'r ddaear.

Daw neges gan ffrind sydd yn fy neall i'r dim i ddweud ei bod wedi estyn ei drwm shamanic a dwi'n rhyddhau gweddillion fy anghyfforddusrwydd ac yn chwerthin yn uchel. Dwi'n ei dychmygu yn ei daro efo arddeliad a chariad – yn gwybod sut mae'r daith yma yn fwy na siwrnai mewn awyren i ben draw'r byd.

Hon ydi'r daith i brofi 'mod i'n ymddiried ynof fy hun. Fy mod i'n fodlon wynebu mynd i ochr arall y byd yn adnabod neb, yn gwybod dim, yn rhoi ffydd yn fy ngwytnwch a 'mod i angen gwrando ar straeon brodorol i ddod â fi at fy nghoed go iawn.

'Ma Toronto fatha New York efo pobol glên. Fyddi di wrth dy fodd yno. 'Swn i'n mynd yno i fyw ar 'y mhen blaw am y plant.'

Mae'r ddynes tu ôl i gownter y Post yn sôn am y wlad fel tase hi'n blentyn sydd wedi cael llwyfan mewn rhagbrawf efo sicrwydd ennill.

Dwi'n cofio'r llyfr llydan, clawr meddal yn dilyn Dad o gwmpas y tŷ ond yn gorffwys fwya wrth ei wely, *Bury my Heart at Wounded Knee*. Mae yna luniau du a gwyn fel maeth ym mrechdan y llyfr. Teuluoedd balch brodorol o Ogledd America mewn gwisgoedd traddodiadol, Sitting Bull a'i blethi hirion a'r dyn yn yr eira ar ei gefn wedi'i anafu yn erfyn am gadoediad.

Dwi'n cofio Dad yn rhannu'r straeon am roddion y

dynion gwyn o garthenni yn cario heintiau, yn lladd trwy dwyllo cymorth. A straeon am ffydd y bobl frodorol a'u cred bod y ddaear yn cynnig cynhaliaeth i bawb o gymryd beth sydd ei angen, nid ei reibio.

Dwi wedi darllen am y cipio plant o deuluoedd brodorol i gartrefi preswyl, eu hiaith a'u diwylliant yn cael eu gwasgu ohonyn nhw. Dwi wedi deall am y beddi yn cynnwys sypiau o gyrff plant heb gydnabyddiaeth am yr erchyllterau oedd wedi eu gorfodi arnyn nhw. Dwi'n gegrwth bod yr ysgolion wedi parhau hyd ddiwedd yr 1990au, fel oeddwn i'n geni fy merch fenga. Dwi'n sylweddoli bod dibyniaeth wedi chwalu trwy'r cymunedau fel balm yn ceisio lleddfu'r boen a dwi'n gwybod fod diflaniadau merched brodorol heddiw yn cael eu derbyn, nid eu hymchwilio, gan yr heddlu.

'Miigwetch.'

Neges gan un o drefnwyr yr ŵyl gerddorol dwi'n gobeithio ei mynychu – diolch am rannu fy ofn na fydda i'n cyrraedd. 'Diolch', yn iaith yr Anishnaabemowin, am eu hysbysu nhw o fy sefyllfa.

Dwi'n gollwng fy ofn arwynebol. Dwi'n gaeth i benderfyniad Llywodraeth Canada bod fy nhrosedd am yfed a gyrru yn fy ngwneud yn ymwelydd *peryglus* â'r wlad. Dwi'n cael fy ngweld am fy ngweithred mewn cyfnod o salwch, nid yn ôl fy hanfod. Dydi hyn yn ddim o'i gymharu â chyflafan ar ôl cyflafan o wynebu gormes *y dyn gwyn* ar ddiwylliannau y trefnwyr. Un unigolyn yn wynebu siom ydw i, nid cymunedau yn cael eu trechu, eu twyllo a'u difa.

Dwi'n aros i weld a yw fy nhrosedd, fel sydd wedi'i nodi

ar Dystysgrif yr Heddlu gan Brydain, yn un sy'n caniatáu neu'n gwrthod i mi deithio i Ganada. Dwi'n dychmygu bod yna restr faith o droseddau yn eu cyfrifiaduron a rheithgor digidol cyfrifol a chwim yn rhoi croes goch neu dic gwyrdd ar bob cais. Dwi'n daer bod y penderfyniad yn syrffio ar rwydwaith y *wi-fi* i ddatgelu fy nhynged. Mae'n rhaid fod yna brysurdeb, a bod fy neges fach i yn baglu cyn mynd i ddigon o stêm i gyrraedd pen y daith… mi ddaw… mae'n siŵr o ddod… rŵan… mewn munud… heno… fory… drennydd, jyst mewn pryd cyn i mi hedfan o Fanceinion…

Mae fy obsesiwn o tsiecio negeseuon e-byst, o drio rheoli fy ymateb i'r byd yn cynddeiriogi trwy'r gorbryder. Dwi'n syllu ar sgrin fy ffôn, yn trio ewyllysio ymatebion i gyrraedd – ymatebion dwi'n meddwl sydd eu hangen arna i.

Tu hwnt i sŵn bywyd bob dydd, heibio ofn, dwi'n clywed sŵn rhythm y *shaker* llawn hadau. Mae straeon y bobl frodorol o'r Llynnoedd Mawr o lyfr Robin Wall Kimmerer, *Braiding Sweetgrass*, yn deffro yn fy nhywyllwch i; yn deffro y byw mwy sydd ym mhob un ohonan ni, sydd ym mhopeth. Mae yna ddelweddau yn fflachio yn fy nychymyg o ferch yn syrthio o'r awyr ac yn cael ei dal gan ddwy ŵydd, eu plu a'u hadenydd yn ei chynnal cyn iddi foddi yn y dŵr. Daw'r anifeiliaid yn gymuned i weithredu, wrth iddyn nhw ddeall ei bod hi ar goll yn y môr ac angen tir. Daw crwban y môr i gynnig cadernid ei gragen yn lloches dros dro.

Mae anifeiliaid yn plymio i waelod y môr i chwilio am fwd a phridd i osod cadernid o dan ei thraed. Mae yna rai'n trengi ond does yna ddim diwedd ar yr ymdrech. Caiff y mwd ei gludo'n ddiogel ar gragen y crwban a daw Ynys y

Crwban yn gartref i'r cyntaf o bobl y byd. Mae Merch yr Awyr yn ddiogel. Mae hi wedi bachu llond llaw o hadau a deiliach yn ei llaw wrth syrthio heibio Coeden Bywyd. Mae'n bwrw ati i blannu, i feithrin cynefinoedd yn ddiolch i'r anifeiliaid ac i'w chynnal ei hun.

Ei syrthio hi ddaeth â golau i dywyllwch y moroedd, i annog yr hadau i egino.

Does yna ddim dial a gwahardd merch yn y stori hon. Ond mae yna dristwch. Mae merch *Skywoman* yn marw ar enedigaeth ei hefeilliaid ond o'r union fan lle'r oedd ei chalon, tyfodd y mefus cyntaf, yr hyn a alwa llwyth yr Anishinaabe yn 'fwyar y galon'.

Dwi'n cofio mynd i hel mefus am wythnos i'r gororau o gwmpas Henffordd i ennill pres i fynd i'r 'Steddfod Genedlaethol. Mynd yn ddau gwpl mewn pabell a finnau'n gwbod y byddai hynny'n siŵr o chwalu'r berthynas arwynebol a fagwyd trwy dristwch a medd-dod myfyrwyr.

Deffro'n blygeiniol i eistedd mewn mwd rhwng y rhesi mefus. Y bobl leol yn wfftio at fy niffyg amynedd a swnian efo poen bol ar ôl sgalffio melyster y ffrwythau ar y bore cyntaf. Y tri arall yn llenwi eu tybiau ar ddim a finnau'n cyffio a chwyno. Y diflastod yn chwyddo tu mewn i mi a dim mynyddoedd nac adar i lenwi'r gwacter. Dwi'n cofio meddwl bryd hynny bod yna ormod o fefus yn cochi ar y planhigion isel a bod yna bris am chwalu'r chwyn.

Mopio wedyn ar gael symud i'r sied bwyso i fod ar fy sefyll ac yn sych, yn monitro safon y cynnyrch. Y goruchwyliwr yn mynnu ail-bwyso fy mhecynnau archfarchnad ac yn gwirioni ar ganfod cleisiau ar y mefus isaf. Pregeth ar bwysigrwydd safon ac *enw da*. Yntau'n ymfalchïo yn rhinwedd ei statws ei fod yn ennill 50 ceiniog yn fwy yr awr na fi fel pwyswraig heb gyfrifoldeb. Fod y 50 ceiniog hwnnw yn profi ei fod yn well person na fi. Doedd ganddo fo ddim syniad pa mor bitw oeddwn i'n gweld fy hun heb orfod dadlau ei achos.

Mae grwnian uchel Radio 1 yn fy nghynddeiriogi ac yn codi hiraeth am gael bod nôl allan. Yr aflonyddu, yr angyfforddusrwydd, y byw ar bigau drain sydd ym mhob alcoholig. Dyna ydi un o'r pethau cyntaf dwi'n ei ddysgu yn fy adferiad.

Mae *Our Tune*, sioe Simon Bates, yn dod yn uchaf bwynt y sied bwyso. Y gerddoriaeth sentimental fel surni chwd ar drip ysgol ond y straeon yn dysgu crefft adrodd stori i fachu cynulleidfa. Y stori yn arwain at chwarae'r gân a'i chlywed mewn goleuni newydd. Y goruchwyliwr wrth ei fodd yn sylwi ar fy nagrau, yn gwneud hwyl ar ba mor *soft* o'n i'n crio dros stori geiniog a dime mewn sied foel. Mi o'n i'n dallt cyn fy sobrwydd fod pobl uchel eu cloch; y bwlis, yr athrawon milain, y teulu, y cymdogion a'r plant, yn cuddio breuder yr oedd angen llais cryf i'w fygu.

Radio 1 ar nos Sul oedd orau gen i. Y ddefod wythnosol o smwddio a recordio y *Top Forty* ar dâp yn gegin. Dewis a dethol y caneuon isaf gan fynd ar reddf a fydden nhw'n debygol o godi yn y siart neu beidio? Oedden nhw werth buddsoddi lle ar y tâp brown sidanog? Chwarae a chwarae nes oedd y tâp yn cael ei lyncu yn brotest gan y stereo a finnau isio gallu meimio'r geiriau'n berffaith i ddisgos diniwed y Clwb Rygbi.

Ond wedyn, mi ddaeth alcohol i foddi cywirdeb y geiriau a doedd dim rhaid swnian am dapiau newydd. Doedd dim rhaid sgwennu'n fân rhwng y llinellau clos i gofnodi teitlau'r caneuon. Roedd y gwin wedi creu gofod i mi dorri'n rhydd.

Mi oedd y *rosé* neu'r fodca yn dileu unrhyw graffu oedd yn gymaint o ran ohona i – yr asesu parhaus o bob lleoliad, sefyllfa a phobl a phlant oeddwn i'n eu cyfarfod mewn ymgais i weld tybed fydden nhw'n fy nerbyn i neu hyd yn oed yn fy hoffi i. Sylwi ar y newid lleiaf yn nhôn y llais, yr oedi mwy gyda rhywun arall wrth sgwrsio, a finnau'n gwthio fy hun i ymylon y sefyllfa.

Mae hi'n fore Llun Gwyliau'r Banc cyn i mi hedfan. Yr haul yn crasu am wyth y bore wrth fynd â'r ci am dro. Dwi'n dewis llwybr gwahanol i'r arfer ac ar bont Twthill, dwi'n ei weld yn eistedd â photel win wrth ei ochr. Mae yna ferch ifanc yn gwyro i lawr ac yn siarad cyn penderfynu mynd yn ei blaen.

Dwi wedi cael sgwrs efo rhywun arall ben bore oedd yn gorweddian yn fama. Mae yna rywbeth am y bont uwchlaw ffordd osgoi Caernarfon sydd yn teimlo fel mynediad i le rhwng dau fyd. Y ceir yn gwibio, y maes parcio *muti-storey* hyll yn cuddio pensaernïaeth drawiadol y dre a'r mynyddoedd yn y pellter yn wirionedd cyson. A dim ond eiliad wan fyddai hi'n cymryd i lamu dros y bariau a rhoi diwedd ar y cwbl. Roedd yna gyfnod pan na fyddwn i'n mentro rhag derbyn cynnig unwaith ac am byth y concrit islaw.

Mae hwd ei gardigan o am ei ben ac mae o'n gwenu wrth i mi eistedd o'i flaen.

'How are things for you?'

'I'm an alcoholic.'

'So am I.'

A'r syndod yn gloywi y llygaid melynog. Mae'r ci yn eistedd wrth ei ymyl ac yn gosod ei ben ar ei lin i gael mwythau. Mae yntau'n mwytho'n annwyl heb orfod sbio i weld lle mae'r ci ac yn dal i siarad.

'But you look so healthy.'

Dwi'n derbyn y sylw heb ryw ffug falchder, yn bychanu'r clod 'mod i'n edrych yn dda. Nid *da* atyniadol, na thew ond *da* barod am fywyd. *Da* o bosibiliadau teimlo 'mod i'n perthyn i'r byd.

'I was in the same place as you five years ago.'

Mae'n adrodd hanes cael ei ryddhau o'r celloedd y bore hwnnw a finne'n deall mai awchu am win oedd y reddf gyntaf. Finne fel fo wedi 'nghyhuddo o ymosod yn gorfforol ond mae o'n ysgwyd ei ben yn trio newid sianel o fy stori drueni 24 awr i i'w newyddion o.

Dwi'n gwrando ac mae o'n mynd i hwyl y disgrifio. Mae'n lladd ar y bobl o'i gwmpas, y rheiny sy'n dal mewn cyswllt a dwi ddim yn ei gywiro mai ni'n hunain sy'n eu dieithrio a'u dychryn nhw. Dwi'n cofio bod yn y lle o wneud pobl eraill yn *ddrwg* i 'ngwneud i'n *dda* a bod hynny'n haws na derbyn 'mod i'n llawn niwed a diffygion fy hun.

'My dog knows that there's a tenderness within you. What if you allowed the same kindness to yourself?'

Dydw i ddim yn siŵr be ydw i'n ei ddweud ond dwi'n ymddiried mai dyma sydd ei angen.

'What if I was guided here this morning?'

'I'm not religious.'

'But you're spiritual.'

Mae o'n wfftio rhaglen deuddeg cam y bu'n rhan ohoni yn ei ugeiniau cynnar. Mae'n sôn am ganolfan driniaeth ddrudfawr mae wedi'i mynychu ac yn cyfaddef ei fod angen stopio yfed er mwyn dechrau byw ond heb wybod lle i ddechrau.

'If you open your heart to look for answers then you'll find them.'

Dydi ei ddweud o ddim yn teimlo'n chwithig ond mae ei ddarllen o yn rhoi gwedd Efengylaidd pabell Criw Duw maes pebyll 'Steddfod arno fo. Mae yna ddeigryn yn codi i'w lygad o ac wedyn ryw hyder sydd yn dod o rywle gwahanol.

'I'd like to go for a coffee with you and talk for hours.'

Mae'r awyrgylch wedi newid ac mae'r ci yn codi. Mae o'n deall ac yn llowcio o'i botel.

'I wish you the best,' dwi'n ddweud cyn codi ar fy nhraed i adael.

Mae o isio fy enw i. Dwi'n rhannu mewn llais bach. Mae gen i bum mlynedd o sobrwydd ond dwi'n dal yn colli gafael arnaf fy hun ar amrantiad. Cyn i'r tristwch fygu, mae o'n estyn llaw yn garedig a dwi'n plygu i afael yn dynn. Mae o'n dallt ein bod ni'n dau yr un mor fregus â'n gilydd a dydi o ddim am fy nychryn i.

Efallai fod fy iechyd wedi newid yn ymddangosiadol ond mae gen i waith mewnol i'w wneud.

Y bore canlynol am hanner awr wedi tri, mae'n rhaid i mi dderbyn na ddaw y caniatâd. Dydw i ddim yn mynd i

Ganada. Does gen i ddim rhyddid i hedfan ond mae gen i ryddid llawer mwy na'r gŵr ar y bont, y bont y bues i'n sefyll arni cyhyd yn methu gweld pa ffordd i ddod oddi arni.

Dydw i ddim yn barod ar hyn o bryd, mae'n rhaid, i fynd mor bell. Ond mi ga'i deithio eto, i wrando, i ddeall mai o dywyllwch y ddaear mae pob hedyn yn tyfu. A bod y ddaear wastad yn dangos a datgelu'r gwir, yn dangos pa mor agos yden ni at berthyn iddi hi.

Dwi'n gobeithio y daw crwban i gynnig pont i'r dyn a dwi'n atgoffa fy hun 'mod i angen chwilio am y ddaear eto, am bridd i sadio. Wrth glosio at goed, 'y Bobl ar eu Traed' fel y cawn nhw eu hadnabod yn niwylliant yr Anishinaabe, mae'r ofnau'n syrthio fel dail yr hydref. Dwi'n deall bod dangos parch at y ddaear yn rhyddhau siffrwd y *shaker* sy'n asio efo'n calonnau. Mae yna rythm yn rhoi anogaeth i gychwyn o'r newydd.

camu'n araf ataf i'n hun

Cloi

Dwi yn lle dwi fod, yn camu'n araf ataf i'n hun. Dwi wedi bod yno'n aros amdana i o'r cychwyn cyntaf un.

Dwi'n teimlo gwres, pigiade mân ac egni *Iola Rydd* yn estyn ei breichiau amdana i. Mae hi'n sefyll yn gefnsyth efo un llaw o'i blaen yn hanner cymell a rhybuddio 'run pryd. Mae hi'n dweud wrtha i am beidio diystyru beth sydd wedi bod ond i gymryd cip arno dros ysgwydd efo cariad.

Mae hi'n gostwng ei llygaid at y llawr ac mae'r tywod, y cregyn a'r cerrig mân yn nadreddu at fodiau ei thraed. Mae ei chroen hi'n frown tywyll, y shorts a'r fest yn llac am y corff tynn. Mae yna fymryn o wynt yn chwythu'r gwallt brith yn goron o'i chwmpas. Dwi'n sylwi ar y gerddoriaeth yn codi'n uwch. Y côr Groegaidd o recordiau ei rhieni yn Recsam yn sefyll yn droednoeth yn yr amffitheatr wrth y môr.

Mae *Iola Rydd* yn symud ac yn estyn ei breichiau yn adenydd iddi godi ac mae yna fflamau yn codi o'r tywod yn ei gyrru hi'n uwch. Mae yna ffenics o'i mewn yn dod i'r cylch golau o ddiogelwch o'i hamgylch. Fel dyn Vitruvian Leonardo, mae hi'n magu mwy o freichiau a choesau i'w harfogi efo syniadau am fyw yn fwy.

Dwi, yr *Iola Lai*, wedi eistedd heb sylwi ac yn gadael i

'mysedd ryddhau'r tywod, yn llacio pob tensiwn yn reddfol. Mae fy moch yn pwyso ar fy mhen-glin wrth ddilyn *Iola Rydd* yn y swigen o greadigrwydd sy'n codi'n uwch dros y coed olewydd. Mae y cicadas yn cymeradwyo'r campau heb hawlio iddi wneud dim mwy na'r hyn sydd yn mynd â'i bryd.

Mae'r syniad o deithio at *Iola Rydd*, o chwalu'r pellter rhyngom ni, yn distewi pob smic. Dwi'n ôl yn gwasgu 'mysedd rhag i weiddi pryderon fy mhlentyndod fy rhewi'n gorn. Dwi'n llacio'r croen am fy modiau nes mae raid i mi sugno'r gwaed.

Ond y tro hwn does yna ddim lleisiau yn gwatwar. Mae yna alaw o flaenau bysedd fy nhraed yn codi'n galeidosgop ac yn troelli drosodd a throsodd nes dwi'n ildio i'w derbyn, i 'nghosi. Mae'r alaw yn gyson ond y patrymau a'r lliwiau yn ail-ddychmygu eu hunain i greu DNA newydd llawn posibiliadau o weld y byd fel lloches i fy syniadau. Does yna ddim diflannu fel sparclyrs syniadau tân gwyllt ond creadigrwydd yn bwydo i greu siapiau mwy. Dydw i ddim ofn aros fy nhro i weld be ddaw ar y daith.

Dwi o fewn modfeddi i *Iola Rydd* er 'mod i'n dal ar y ddaear. Mae hi'n hofran yn yr awyr uwch fy mhen. Dwi'n teimlo ei breichiau yn fy nghodi a 'nghofleidio. Mae'r dagrau yn gollwng yn gynnes ar fy mochau ac yn rowlio o dan fy ngên. Mae'n fy nghodi a fy nhroi ddim efo meddwdod fodca ond tynerwch babi yn cael ei fagu i fywyd o wireddu dyheadau.

A rŵan mae'r daith go iawn yn cychwyn.

Mae rhaid i mi gamu ymlaen a byw fel bod modd

gwireddu fy mreuddwydion, ddim eu claddu nhw. Mi alla i ddychmygu yn fawr fel o'n i'n 1986 yn mynd ar fŷs am y diwrnod i Lunden efo'n ffrind ac yn eistedd mewn sioe ffasiwn yn Harrods. Fod gwallt mawr, *slip ons* patent a lipstig tywyll yn gallu bodoli y tu hwnt i'r siop yma a theithio i Gymru. 'Mod i'n gallu byw fel o'n i isio heb deimlo fod Cymru yn crafangu amdana i, yn crebachu pob breuddwyd am foethusrwydd a dianc.

Dyma'r foment lle dwi'n gallu ymddiried y galla i greu. Fy mod i'n creu y byd o'r newydd. Wrth sgwennu rhestr o ddyheadau mewn llyfr o *Home Bargains* yn y gegin nad ydw i'n siŵr sut ydw i am dalu morgais arno, dwi'n dechrau smalio 'mod i'n coelio ynof fy hun. Heb gyflog na hanes am waith dwi'n dewis podlediad *Super Soul*. Mae Oprah yn sgwrsio efo Paulo Coelho am *The Alchemist* a dwi'n ymddiried ym mherffeithrwydd y bydysawd i 'nghyfeirio at lle dwi fod.

Tra dwi'n dal i afael yn y pen inc yn gwybod fod yna eiriau eisiau eu rhyddhau ond yn dallt mai gwrando sydd bwysicaf, mae fy sylw wedi'i hoelio. Mae hi'n hawdd synhwyro bod yna athrylith yn trafod ei grefft ac eto mae yna wyleidd-dra wrth gofio bywyd cyn y llwyddiant masnachol – am ei deulu yn wfftio ei greadigrwydd ac yn ei gyhuddo o ymroi i wallgofrwydd.

Mae'n creu gofod i mi ymgolli yn ei syniadau ac mae Oprah yn holi heb darfu ar lif naturiol y syniadau. Dwi'n teimlo cyswllt yn ffurfio rhyngof i a'r gadair, y bwrdd, y llestri sy'n sychu ar y *draining board*, rhwng fy nhraed a'r ddaear heibio'r teils ffug llechi o Tseina. Cyswllt o berthyn gydag egni y ddau yn y podlediad yn fy neffro i bethau nad ydw i wedi sylwi arnyn nhw o'r blaen. Tra dwi'n clywed pob gair mewn iaith heb chwithdod, mae yna rym newydd yn caniatáu i mi sylwi ar fywyd yn llawnach – i ddilyn pry yn synhwyro am agoriad yn y ffenest a blewyn rhydd yn syrthio ar fy nglin.

Mae'r podlediad yn gorffen a dwi'n ysu i'w drafod efo rhywun ond mae pawb arall sydd yn hapus i siarad efo fi yn eu gwaith. Mae yna ambell un y gallwn i yrru tecst atyn nhw ond maen nhw mor agos at gredu 'mod i'n wallgo ulw ac yn beryg bywyd ac felly ddim yn haeddu ateb. Er mod i'n cydnabod 'mod i'n ansefydlog ac yn fregus, hoff ddisgrifiad hael fy merch hynaf, dwi hefyd yn gwybod fod y podlediad hwn wedi deffro y rhan sydd wastad wedi bod yn gall ynof i.

Trwy'r holl boen a'r gwallgofrwydd, dwi wastad wedi gallu diogelu yr hunanymwybyddiaeth i sylwi ar lif meddwl y bobl o 'nghwmpas i. Boed hynny yn unigolion proffesiynol, yn gydweithwyr, rheolwyr, teulu, teulu sydd wedi dewis dieithrio, yn ffrindiau, yn gyn-ffrindiau, yn elynion neu'n ddieithriaid, dwi wedi gallu sylwi ar eu hymateb a dadansoddi a oedden nhw am fy ngwarchod, fy amddiffyn, fy nghondemnio, fy nghywilyddio neu ddieithrio trwy smalio peidio ymateb. Ond roedd y salwch hwn yn codi niwl tew o'u cwmpas nhw a doedd dim posib i mi wneud pen na chynffon o'u hadwaith. Mae gwallgofrwydd yn dychryn pobl, hyd yn oed plismyn neu weithwyr gymdeithasol, a dim ond un nyrs lwyddodd i gadw proffesiynoldeb ac anwyldeb er gwaethaf y newid cyson yn fy hwyliau a fy salwch meddwl enbyd. Y nyrs honno eisteddodd yng nghil drws cell pan oedd fy ngorbryder yn gyrru chwd parhaus heibio leining y stumog i ddŵr gwawr melyn ac a sibrydodd anogaeth trwy wên oedd yn maddau popeth – hi ddysgodd i mi sut mae magu cariad di-amod.

Felly, rydw i'n penderfynu cysylltu efo'r byd normal sy'n mynd i fy nghefnogi i dalu morgais. Dwi'n e-bostio unrhyw un allai ddychmygu rhyw werth yn deillio o waith y gwnes i gyflawni yn y gorffennol ac fydd yn fodlon fy nhalu am rywbeth, ella.

Mae'n rhaid i mi dyrchu'n ddyfn i hyder oedd wedi cysgu ers dyddie gwisgo fyny mewn oed ysgol gynradd ac estyn allan. Aros am ymateb a chael e-byst swta yn nodi'n glir nad oes cyfleon i rywun sydd wedi chwalu, pechu, cythruddo, dychryn a beirniadu efo geiriau cas. A dwi'n dal ddim yn ildio.

Dwi wedi darllen *The Alchemist* erbyn hyn ac mae gen i fy ffydd yn yr arwyddion sy'n dod i 'nghymell yn fy anialwch i yng Nghaernarfon.

Dwi'n penderfynu gwerthu'r tŷ a symud i un llai fel bod y morgais yn llai o fwgan. Mae yna un cwmni yn cytuno i ddod ar ei union i brisio ac o fewn eiliadau dwi'n cyfarfod y perchennog, yr wyneb siriol ar arwyddion gwerthu tai. Dwi'n ymddiried ynddo fo a rhannu fy stori. Dwi'n cyflwyno manylion y llanast ac mae o'n aros ar ei draed ond yn gwrando efo cydymdeimlad. Tydi o'n gwingo dim ac mae'n cynnig ateb syml heb oedi, 'Airbnb tisio yn fama a ffindio lle i fyw dros dro. Sgin ti garafán?' Mae gen i babell fawr *inflatable* heb gar i'w chario i nunlle. Ond mae fy ffydd yn y bydysawd wedi'i gynnau. Dwi'n holi Mam a Dad os ga'i aros yno efo fy mab, ac maen nhw'n cytuno heb feddwl dwywaith.

Mae gen i luniau, disgrifiadau blodeuog a hysbyseb Airbnb yn fyw ar eu gwefan cyn i amheuon ddod i siglo fy ffydd. Ac wedyn mae yna bingio yn codi o archebion aros ac mae'r cynnwrf yn fy ngyrru i ddychmygu eto.

Mae penwythnosau yn dod yn batrwm manwl o olchi dillad, llnau a sicrhau fod pob 'stafell wedi'i gwagu o eiddo'r ymwelwyr blaenorol. Dwi'n cael blas ar y drefn ac yn cael hyder 'mod i'n gallu cynnal fy hun. Dwi'n ymddiried y bydda i'n cael digon o bobl i aros i gadw dau ben llinyn ynghyd.

Ond mae'r rhestr o freuddwydion yn fy hudo yn ôl i'w hadolygu, i'w sibrwd yn uchel fel mantra sydd am ysbrydoli. Dwi'n troi tudalen lân i gychwyn rhestr newydd.

Y tro hwn, mi freuddwydiais i'n fwy. Mi anadlais i'n ddwfn a'i roi o lawr ar ddu a gwyn. Y penderfyniad a ddaeth wedi ymarferion sgwennu yn dair ar ddeg yng Nglan-llyn wrth i athrawes frwd ein cymell ni i gydio mewn geiriau i ddal profiad o fyw yn y byd. Mi o'n i am fod yn hwylusydd, yn ddramodydd, yn sgriptiwr, yn gyfarwyddwraig, yn grëwr syniadau, yn awdur. Mi oedd yna feiro goch o ofn isio croesi pob un a'u claddu nhw dan storm eira o Tipp-Ex. Ond rhywsut mi sgwennais i linellau o dan y datganiad i roi gofod iddo dyfu cyn rhoi amserlen i'w dilyn. Roedd gosod llinell amser yn beryg o agos i ddechrau credu ynof fy hun. Creu uchelgais mewn brawddeg – 'Mi ydw i am gynnal fy hun yn llwyddiannus trwy greadigrwydd.'

Troi tudalen yn glep cyn i'r geiriau ysu i grwydro oddi ar y papur a lawr fy mhengliniau yn falwod fyddai'n gadael ôl seimllyd blêr ar y syniadau, cyn dianc am allan trwy'r drws cefn.

A heb rybudd mae yna stori yn ymddangos fel rhuban dŵr o dap sinc crefftau Ysgol Glanrafon. Mae'n plygu trwy 'mysedd i gan newid cyfeiriad, sythu, troi a gwyro am yn ail. Ond dwi'n gwybod fod y dŵr ddim am beidio ac nad oes yna neb am darfu a chau'r tap waeth pa lanast ddaw.

★★★

Mae fy mab yn mynd ar antur efo'i degan gwdihŵ wedi'i gwau. Y plentyn pedair oed sy'n rhannu 'myd i ac yn goleuo'r tywyllwch. Y plentyn llawn deall sy'n gofyn pam fod yna ofn neu wylltineb yn y llygaid pan mae'r geiriau yn dweud fel arall. Y cariad bach sydd wedi bod yn yr hen fyd yma o'r blaen ac sydd, o edrych i fyw fy llygaid, yn gallu fy neall i mewn amrantiad.

Y mab sydd raid imi bledio fy hawl i'w gael yn fy mywyd mewn achos amddiffyn plant yn adeilad dienaid Penrallt a'i ganllaw metel gwyrdd llachar.

Yn y stori hon mae'n codi uwch y byd efo'i gwdihŵ i weld caeau a sylwi ar lygod ac ŷd yn plygu a chodi yn ôl tra bo dafnau mân o wrtaith yn mygu'r ddaear. Yn rhoi pryfed a gwenyn a blodau gwyllt i orwedd ar bowdr y pridd sy'n difa amrywiaeth yn enw galw cyfalafol ac sy'n niweidio'r ddaear at ei chanol tanbaid, poeth.

A chaiff fy mab ei godi yn uwch gan y gwdihŵ i weld

mwy a sylwi ar hogan fach flin yn cicio tywod ar draeth Dinas Dinlle, yn malu cestyll tywod oedd wedi eu codi yn ddyfal ar ei chyfer gan rieni a brodyr a chwiorydd a neb ohonyn nhw'n mentro dwrdio. Maen nhw'n ysgwyd eu pennau ac yn chwilio o'u cwmpas am gysur gan ei gilydd ond yn teimlo dim ond sychder tywod. Does yna ddim un gair yn cynnig gobaith o fewn y teulu hwn.

Ond tydi fy mab ddim yn anobeithio. Mae o'n galw ar y gwdihŵ i'w ollwng wrth eu hymyl. Mae'r ferch yn gwgu ar ei hyfdra yn dod mor agos. Mae'n syllu'n frwnt cyn taflu sen 'Pam sgin ti'm yn ofn i fel pawb arall?' ac mae yntau'n ateb 'Achos mai antur ydi bywyd.'

Mae'r ferch yn ystyried am eiliad.

'Dyna dudodd dy daid ditha wrtha chdi 'fyd? Mai marw ydi'r antur ola a gora un,' ac eistedda'r ferch ar y tywod a disgwyl am ei ateb wrth syllu ar y môr. Wrth fodio'r tywod mae fy mab yn teimlo ei ofn ei hun yn corddi yn ei stumog ond yn ymddiried y daw y geiriau mond iddo roi lle iddyn nhw dyfu heb furum sgwrsio gwag.

'Mae'r haul yn gneud sioe i mi bob tro fydda i'n Dinas Dinlle,' meddai fy mab.

'Mae o'n gneud hynny i bawb sdi, ddim jyst chdi.'

'Sut ti'n gwbod? Ti'm 'di bod yma efo fi o blaen. A mae'r môr yn byta'r traeth yn swper bob tro fydda'i yma.'

'Mond llanw ydi hynny,' medda'r ferch wrth sythu a sylwa fy mab ar y bobl yn eu gwylio nhw.

'Jyst gadwch lonydd i fi,' mae hi'n weiddi i'w cyfeiriad nhw.

'Ewadd ti'n flin,' mentra fy mab.

'A titha'm yn dallt peth mor flinedig ydi marw,' ateba hithau ond efo deigryn yn gloywi yn ei llygad.

Does gan fy mab, er gwaethaf ei ffynnon ddofn o ddoethineb, ddim ateb i hynny. Ond mae'n synhwyro fod y ferch fach wedi closio fymryn ato fo ar y traeth.

'Dangos i mi sioe dy haul a dy fôr di ta!' meddai'r ferch fach.

Ac ar hynny dyma'r haul yn gostwng am y môr gan sylweddoli eu bod nhw hefyd yn dynwared cyfeillgarwch y ddau blentyn.

'Watsia di hyn!' meddai fy mab wrth ddechrau cyfri am i lawr o bump i lansio roced yr hwyl.

Cyn iddo gyrraedd yr *un*, gollynga'r haul i'r môr a hudo'r awyr yn biws-goch, oren, pinc a glas. Hyrddia'r môr ei hun amdanyn nhw'n ddidrafferth heb godi ewyn nes eu bod nhw at eu canol yn y dŵr. Mae'r ddau yn estyn am ddwylo ei gilydd cyn sblasho efo direidi naturiol plant. Mae'r chwerthin yn codi o ddyfnder eu bod, yn donnau, yn gylchoedd perffaith o'u cwmpas nhw.

Teimla'r llonyddwch yng nghanol y lliwiau fel tase'r foment wedi'i chreu a'i selio i ddathlu eu cyfeillgarwch a chynnig cysur i'r teulu sydd wedi hoelio eu sylw ar y ddau. Maen nhw'n deall fod yr olygfa o'u blaenau yn meddu ar ras y bydysawd.

Daw blinder dros y ddau a rhaid plygu i'r awydd i orwedd a chau eu llygaid. Pan agora fy mab ei lygaid, mae'n nofio ar wyneb y môr ar ei ben ei hun.

Mae'n gwybod ei bod hi wedi mynd, wedi marw. Ac yr un gwybod sy'n cadarnhau yn ei galon mai Enfys oedd ei henw hi.

'Gest di be oeddat ti isio, Enfys?' hola'r cymylau ac ar hynny estynna enfys o'r môr wrth ei ymyl i fyny am gyfeiriad ei gartref. Daw'r gwdihŵ i'w godi a theimla'r awel yn ei gosi wrth i'r bobl ar y traeth gerdded am eu ceir.

★★★

Dealla fy mab, fel *Iola'r Alcoholig* oedd yn prysur ladd hi ei hun, nad oes angen ofni unrhyw gam newydd mewn bywyd nac ofni newid, na rhwystr. Mae yna ddychymyg i'n codi ni uwchlaw ein gofidiau i hedfan trwyddyn nhw. O'r tywyllwch i'r golau cynnes, o'r *Iola Lai* i'r *Iola Rydd*, fel pelydr haul yn torri trwy ddafnau mân y glaw i ddatgelu enfys. Does yna'r un enfys yn camu, dim ond yn estyn yn berffaith am gychwyn newydd.

Dwi'n derbyn y stori yn ddiolchgar, yn gweld mai fi oedd Enfys, mewn llawer ffordd, ac yn crio. Mae yna stori gyffredin yn ein brodio ni i gyd at ein gilydd. Stori am unigedd a chyswllt, am ofn a dewrder a stori fwy am ddarganfod y lliw mewn trallod.

★★★

Dydw innau ddim wedi camu 'rioed chwaith, dim ond newid fy siâp yn ôl yr hyn oedd o 'ngwmpas i. Ond mae'r golau wedi dechrau datgelu'r lliw sydd mewn bywyd o gamu am ymlaen yn lle aildroedio llwybrau'r gorffennol; o fagu hyder i ganfod yr harddwch i dyfu'n fwy trwy gofio'r profiadau llai. Y profiadau tu hwnt i fateroldeb y byd; o rannu gwres tân efo Nain wnaeth ganfod cyfoeth y byd trwy lyfrau, o dderbyn haelioni diethriaid ac o brofi bod dewrder a chariad yn tyfu'n gryfach na chwyn ofn a drwgdeimlad.

Y diwedd am y tro

Dwi wedi gorffen, wedi darfod y llyfr sy'n cloriannu fy mywyd hyd yn hyn.

Diolch i bawb sydd wedi fy nghefnogi, yn deulu, ffrindiau a chydnabod. Diolch hefyd i'r rhai sydd heb faddau eto i'r tarfu a'r poenau dwi wedi eu hachosi. Mae'n ddrwg gen i am bob loes dwi wedi'i hachosi.

Yn bennaf oll, diolch i Marged Tudur fel golygydd, am ei hanogaeth a'i chred ddigamsyniol yn y gyfrol pan oeddwn i'n gweld dim ond tyllau. Mae yna unigolion rhyfeddol yn dod i'n rhan ni'n ddyddiol, mond i ni fod yn ddigon effro i synhwyro eu presenoldeb. Mae gan Marged y gallu i ddofi ofnau a meithrin dewrder a diolch iddi am ei doethineb a'i gonestrwydd cadarn.

Diolch hefyd i Dafydd Owain am ei ddylunio gofalus a'i greadigrwydd di-ben-draw.

Mae estyn am gymorth wedi fy ngalluogi i fyw yn well heddiw ac yn arfer mae'n rhaid i mi arddel. Mi fyddwn i'n annog unrhyw un sy'n bryderus am unrhyw beth yn eu bywydau i droi at gefnogaeth waeth pa mor 'fach' mae'n ymddangos ar y pryd.

Gwefannau defnyddiol

- https://meddwl.org/pwnc/iselder/
  Rhestr o gysylltiadau arbenigol ar faterion yn ymwneud
  ag iechyd meddwl

- https://www.alcoholics-anonymous.org.uk

- https://wahwn.cymru
  Rhwydwaith Celfyddydau, Iechyd a Llesiant Celfyddydau
  Cymru i alluogi'r celfyddydau a chreadigrwydd i
  drawsnewid iechyd, llesiant a gwydnwch unigolion,
  cymunedau a gofal iechyd yng Nghymru.

- https://failspaceproject.co.uk
  Prosiect ymchwil am sut allwn ni ddysgu oddi
  wrth gamgymeriadau yn benodol ar gyfer y sector
  ddiwylliannol ond yn egwyddorion y gallwn ni i gyd eu
  mabwysiadu mewn bywyd pob dydd.

Holwch am bris argraffu!
www.ylolfa.com